士 绅 社 会

中国古代"富民社会"的
最高阶段

林文勋　薛政超　著

中华书局

图书在版编目（CIP）数据

士绅社会：中国古代"富民社会"的最高阶段/林文勋，薛政超著. —北京：中华书局，2024. 1
ISBN 978-7-101-16449-7

Ⅰ. 士…　Ⅱ. ①林…②薛…　Ⅲ. 士绅–研究–中国–清代　Ⅳ. D691. 7

中国国家版本馆 CIP 数据核字（2023）第 226825 号

书　　名　士绅社会：中国古代"富民社会"的最高阶段
著　　者　林文勋　薛政超
责任编辑　王传龙
责任印制　管　斌
出版发行　中华书局
　　　　　（北京市丰台区太平桥西里 38 号　100073）
　　　　　http://www.zhbc.com.cn
　　　　　E-mail：zhbc@zhbc.com.cn
印　　刷　河北新华第一印刷有限责任公司
版　　次　2024 年 1 月第 1 版
　　　　　2024 年 1 月第 1 次印刷
规　　格　开本/880×1230 毫米　1/32
　　　　　印张 8　插页 2　字数 125 千字
印　　数　1-2000 册
国际书号　ISBN 978-7-101-16449-7
定　　价　48. 00 元

目　录

明清士绅研究概论（代序）

　　士绅阶层与士绅社会理论，是自20世纪40年代以来中外学者研究中国史特别是明清史的一个重要视角。这不仅包括以乡绅、绅士、绅衿、士绅、精英等命名的各类研究，同时也囊括了从不同立场与方法展开的且所得结论各有差异甚至大相径庭的相关成果。从整体来看，这些研究成果主要把士绅看作一个在政治身份、经济势力、社会功能等方面具有共性的特殊阶层，并逐渐视之为在国家与社会互动中承担桥梁作用的中间层。历史学与社会学领域的学者在身份统治、经济支配、地域社会、日常策略等研究范式的递进中，对于士绅本身的社会属性及其在国家与社会之间的中间层地位，进行了卓有成效且富有时代特色的探索。笔者拟在已有相关综述的基础上，对过往近八十年的明清士绅研究成果作一新梳理，^①以此为从富民与士绅之关系入手重新认识明清士绅社会的研究张目。

一、从国家统治论到乡绅支配论

士绅研究的第一条线索，是将士绅的身份与官僚制、土地占有形态及相应生产关系相结合，虽然也承认士绅对地方治理的共治或辅助作用，但主要从国家统治的重

---

① 有关明清士绅研究的综述主要有：（韩）吴金成：《明、清时代绅士层研究的诸问题》，东洋史学会编：《中国史研究的成果与展望》，中国社会科学出版社1991年版。（日）檀上宽：《战后日本的中国史论争·明清乡绅论》，《日本学者研究中国史论著选译》第二卷《专论》，中华书局1993年版。（日）森正夫：《日本八十年代以来明清史研究的新潮流》，栾成显编译，《中国史研究动态》1994年第4期。巴根：《明清绅士研究综述》，《清史研究》1996年第3期。（日）山根幸夫主编：《中国史研究入门（增订本）》，田人隆等译，社会科学文献出版社2000年版，第507—508、581—582页。杨念群：《中层理论：东西方思想会通下的中国史研究》第四章《从"士绅支配"到"地方自治"：基层社会研究的范式转变》，江西教育出版社2001年版，第144—192页。谢俊贵：《中国绅士研究述评》，《史学月刊》2002年第7期。徐茂明：《江南士绅与江南社会：1368—1911年》，商务印书馆2004年版，第23—61页。郝秉键：《日本史学界的明清"绅士论"》，《清史研究》2004年第4期；《西方史学界的明清"绅士论"》，《清史研究》2007年第2期。

要实施者或得到国家代表、认可的角度来揭示其社会属性，由此依次形成了国家统治论、乡绅土地所有论和乡绅支配论。

（一）国家统治论

所谓士绅研究的国家统治论，是指将士绅视为国家的支持者、维护者或代表者而对社会民众进行统治或支配的阶级或阶层，也就是与国家在整体上具有一致性和同一性的群体。

这一理论的首倡者是与费孝通等合著《皇权与绅权》的吴晗。在这第一部与士绅研究有关的专著中，他先提出"官僚是士大夫在官时候的称呼，而绅士则是官僚离职，退休，居乡（当然城居也可以），以至未任官以前的称呼"。次而重点强调"官僚，士大夫，绅士，是异名同体的政治动物"，"官僚，士大夫，绅士，知识分子，这四者实在是一个东西。虽然在不同的场合，同一个人可能具有几种身份，然而，在本质上，倒底还是一个"。进而揭示"官僚是和绅士共治地方的，绅权由官权的合作而相得益彰"，而"往上更推一层，绅士也和皇权共治天下"；享有系列法内法外之权的绅士，"都是大地主，大庄园的占有者"，也就是说，"士大夫与地主其实是同义语。反之，光是地主而非士大夫是站不住脚的"；他们在领导地方事务时往往有利可图,较少顾忌甚至虐害百姓利益。① 可见吴晗关于绅士与官僚在中央与地方的共治地位,共同维护皇权的统治作用,具有相同的经济基础等结论,都是从二者的身份一致性假设出发推导出来的。

这种从士绅身份特征确定士绅阶层诸社会属性,并得出他们是国家统治力量重要组成部分的研究路径,与日本学者的早期士绅认识有不少相似之处。作为日本士绅研究开创者的本村正一,提出清代由现、退、候任官员、秀才、举人和拥有虚衔者组成的绅士,一般是地主和商业高利贷资本家,与满洲贵族等垄断了国家政权,在文化上处于独占地位,为国家承担众多社会职能。② 佐野学立足于"国家与社会分离"、"中间社会团体优越"和"阶级相互疏远"三法则,强调绅士作为"独占国家机关的官僚群"的衍生体,与官僚同属于统治阶级,二者并无本质区别,同时由于国家只关心税收与治安,家族、宗族、村落和行会等因寄托着"不享受政治权力的农民群"的生活

---

① 吴晗:《论绅权》、《再论绅权》、《论士大夫》,载吴晗、费孝通等:《皇权与绅权》,观察社民国三十七年(1948)版。

② (日)本村正一:《关于清代社会绅士的存在》,《史渊》第24期,1940年。

而处于支配地位,士绅则是这些中间社会层的代表。①

松本善海则在批评"国家、社会分离论"的基础上,提出"乡绅是官僚主义的产物",即他们一方面是由"同村落支配的父老转变而来",另一方面却不是村落的代表者,而是出身于官僚的"准官僚",发挥着"官民联络"的中介作用。②仁井田陞继承了松本氏"乡绅是官僚主义的产物"的基本立场,同时也在其刑法研究中作出了与之稍有差异的阐释。如一面强调国家对刑罚权的垄断,是为了将其统治渗透到社会底层,从而影响到社会的构造,由此否定了"国家、社会分离论",同时又认可"地方共同体"有一定的自治能力,形成对国家权力的限制;一面承认"乡绅地主是统治的主体",与国家有共同的利害关系,而国家为了实现对社会的充分控制,有必要将之纳入自身的权力体系,同时又指出乡绅与国家有利害冲突,有时敢于与佃农等普通村民一起反抗政府。③

---

① (日)佐野学:《清朝社会史》,文求堂书店1947—1948年版。

② (日)松本善海:《旧中国社会特质论的反省》,《东洋文化研究》第9号,1948年;《旧中国国家特质论的反省》,《东洋文化研究》第10号,1949年。

③ (日)仁井田陞:《中国法制史研究·刑法》,东京大学出版会1959年版。

中国学者在20世纪40年代开创士绅研究之后的三十多年间，一直没有新的成果问世。伍丹戈在80年代初开展新的士绅研究时，就直接继承了吴晗的国家统治论。他虽然吸收了乡绅土地所有论（见后文详叙）的部分观点，从绅衿享有赋役上的特权和豁免权的角度来说明其形成的过程和条件，"第一是明代赋役负担的逐渐加重和愈来愈重，第二是乡绅特权地位的日益膨胀，掠夺手段的日益凶狠"。但其文章的主旨在于说明由"官僚、举贡、生监等人"组成的"绅衿""普遍存在于全国"，其"触须也直接伸入广大人民群众和各个阶级之中"，而明代的"统治权基本上掌握在这班科甲出身的'缙绅'手里"。因此，"他们是封建剥削阶级中的一个特殊阶层，也是整个封建剥削体制的组织者或主宰"。①

从吴晗到伍丹戈的一众研究明清士绅的学者，虽然其具体观点有不少差异，但都是从士绅的身份特质或阶级本质，以及由此而具有的官、民之间的中介地位上，来理解士绅作为国家统治的主体或重要组成部分。这一研究倾向似乎与20世纪20年代以来逐渐流行于东方的马

---

① 伍丹戈：《明代绅衿地主的发展》，《明史研究论丛》第2辑，江苏人民出版社1983年版；伍丹戈：《明代绅衿地主的形成》，历史研究编辑部编：《中国封建地主阶级研究》，中国社会科学出版社1988年版。

克思主义社会形态学说并没产生多少关联。如吴晗虽然强调绅权是建立在"经济的锁匙"和"知识的独占"上，但实际仍然是从"绅士由政治的独占侵入经济"来展开其逻辑体系，[①]这与其经历过的社会史大论战中马克思主义学者所极力宣扬的从经济基础的决定性作用出发阐释历史进程的理论立场并不吻合。日本学者自本村以下诸氏关于士绅是官僚、地主、商人等多位一体的论述也体现了同样的特点。但中日学界40—50年代末的士绅研究对马克思主义社会形态说接受的"滞后"，并不意味着最终的"缺位"，随后在日本学界兴起的"乡绅土地所有论"在一定程度上改变了这一趋向。

（二）乡绅土地所有论

所谓乡绅土地所有论，是指从士绅的身份特征与大土地所有制形成的密切关联中，说明士绅对于佃户支配地位的构成过程。这一理论不再把士绅视为国家统治的主体或帮手，而是将国家视为士绅利益的代表，并通过与宋元及之前地主制的比较，概括出明清社会发展的阶段性特点。

---

① 吴晗：《论绅权》、《再论绅权》、《论士大夫》，载吴晗、费孝通等：《皇权与绅权》，观察社民国三十七年（1948）版。

乡绅土地所有论在佐伯有一《明末董氏之变》一文所论"官绅地主"概念中已现端倪。[①] 安野省三依据"在地地主层"与"乡绅地主层"在国家税收体制上的不同地位,来说明晚明大土地所有制的形成并正式提出"乡绅层大土地所有制"这一概念。[②] 田中正俊则围绕生产力发展、商品流通、里甲制崩溃和乡绅对乡村共同体控制等因素,论述乡绅与"商业资本、地主、官僚一体化的过程",及建立起名义上的土地所有制而非经济剥削关系,使国家从超越地主利害关系的"社会调停者"转变为乡绅地主利益的代表机关。[③] 此外,滨岛敦俊的水利史与均田均役法研究,川胜守和西村元照所关注的明末清初土地丈量和钱粮包揽等问题,都是先着眼于士绅政治身份与特权地位,追溯赋役不均的出现与乡绅土地所制形成的原因,继而从赋役等政策的调整和改革,说明国家最终承认了乡绅土地所有制的合法性,成为乡绅利益的代

---

① (日)佐伯有一:《明末董氏之变:联系到所谓"奴变"的性质》,《东洋史研究》第16卷第1号,1957年。

② (日)安野省三:《关于明末清初扬子江中流域大土地所有制的考察》,《东洋学报》第44卷第3号,1961年。

③ (日)田中正俊:《民变·抗租·奴变》,《座谈会:中国的近代化》,《世界历史》第11卷,筑摩书房1961年版。

表者。

在众多乡绅土地所有论之中,最著名的要数"小山乡绅论"。其提出者小山正明与其他学者主要从某一方面或明清特定时段阐述乡绅地主制不同,他将观察视野延伸至宋代而对"明末清初新出现的统治阶级乡绅"进行了综合性分析。一是乡绅是从宋代的形势户、明初的粮长层产生,而由生员、举人、进士、官僚等组成的一个新的社会支配层,其出现过程与赋役不均导致的里甲制崩溃和科举制改革密不可分;二是自举人以上的上层乡绅,是与商业高利贷资本有着密切关系、通过剥削佃户以实现土地所有的城居地主,属于地方政治实力派,而以生员为主体的下层乡绅,则是通过出租田地经营和年期契约雇工自营的乡居地主,属于"村落领导者";三是与小农经营形态和乡绅地主所有制相适应,科举之内的乡绅与科举之外的以农民为核心的庶民两种互相对立的身份,在明末清初之际逐渐固定下来,随后形成的乡绅—吏胥集团不但成为清朝统治的实质性支柱,而且乡绅支配农民也成为实现其土地所有的杠杆。[①]

----

① 参见小山正明自1957年以后所发表的十余部论著。代表性的有:《明末清初的大土地所有——特别以江南三角洲地带为中心》,《史学杂志》第66编第12号,1957年,及第67编第1号,1958年;(转下页)

在20世纪60—70年代的日本明清史研究领域一直处于"统治地位"的乡绅土地所有论,虽然体现了从经济因素介入历史场景的基本立场,但仍然没有摆脱士绅身份论的影响。对这一派学者提出了代表性批评意见的森正夫指出,"优免特权"、"诡寄"、国家鼓励主佃兴修水利和国家专制、官僚制、科举制等非明清所特有,而是自宋代以来就已出现,将"乡绅土地所有"归结于乡绅身份性特点,并视之为明清社会独特的而具有"划时代"意义,难以自圆其说。因此,乡绅这一概念不仅要与土地联系在一起思考,而且要与政治文化一起考察,注意其与市场支配、商业资本之间的关系。①

（三）乡绅支配论

乡绅支配论是在对乡绅土地所有论及之前的相关研

_____

（接上页）《中国社会的变化及其展开》,西嶋定生编:《东洋史入门》,有斐阁1967年版;《关于明代十段法》(1),《前近代亚洲法与社会》,劲草书房1967年版;《关于明代十段法》(2),《文化科学纪要》第10辑,1968年;《赋役制度的变革》,岩波讲座《世界历史》第12册,1971年;《明代大土地所有的奴仆》,《东洋文化研究所纪要》第62册,1974年;《宋代以后国家对农民的支配》,历史学研究会编:《历史上民族的形成》,青木书店1975年版。

① （日）森正夫:《围绕所谓的"乡绅的土地所有"论》,《历史评论》第304号,1975年。

究进行批评和继承的基础上提出来的,但是其批评的重点并不在于从国家统治论延续下来的强调士绅身份的传统,而是在于将士绅官僚化或经济范畴化的倾向,同时深化了对于地主佃户制的探讨,着力解决在以往被忽略的对自耕农的支配,以及乡绅支配获得国家认可等问题。

乡绅支配论的系统阐释者是重田德。他认为,以往"把乡绅与官僚几乎是看作同义的",将其当作"官僚制之产物",或者将乡绅局限在"冠以地主的形容词"的"经济范畴",视之为"超越历史性的官民媒介者",都不利于明确其"历史性格"。而乡绅本身就意味着特权和地位,乡绅地主和乡绅土地所有制即由这种特权和地位所规定,因此要将乡绅这一概念回归于"政治社会范畴"。具体来说,乡绅制不仅仅是土地所有制,也不单纯是地主对佃户的支配,而是指将"作为乡绅支配核心的阶级关系",通过特权地位而"波及到地主与佃户关系范围以外",包括与中小地主之间的"庇护、支配关系"、以僮仆之横实现的对小民、百姓、"中人"等的暴力支配等。而所谓乡绅支配,并非其"独自的支配",而"只不过是官僚的辅助者、代理人而已"。但乡绅又不仅仅是"王权的承包者",同时也是"官僚立足点的乖离"者和"贯彻其私人利益"的"假公济私"者。"地丁银体制的成立,在宏观层面扩延了'公共的外壳'",使乡绅支配通过收敛"内部的私人性、分权性的意向"而得到了"体制性的扬弃",从此,"伴随着大土地所有的国家权力与乡绅之间的对立基本上不存在"。^①

重田氏的乡绅支配论,既不同于将士绅视为官僚主义产物的国家统治论,又不同于将士绅视为地主制范畴的乡绅土地所有论,而是将二者所一贯坚持的士绅身份论进一步发扬光大,同时也突破了后者仅将支配关系局限于主佃范围之内的偏狭。这一理论虽然也承认乡绅大土地所有制对其支配关系基础性的构造作用,但其立足点却在于士绅"优免特权"等"经济以外的关系",而实际前者之形成,其根本原因也在于士绅的"优免特权"。这就归结到一个问题,即士绅身份是否就等同于其社会支配权力?若将二者等同视之,则只能说明乡绅支配实质为国家统治,这与其所主张的要将乡绅支配与王朝支配区别开来的立场背道而驰;若不将二者等同视之,则在身份特权之外,士绅还能有其他权力来源吗?重田氏的乡绅支配结构并没有给出明确的答案,故小山正明指

---

① (日)重田德:《乡绅支配的成立与结构》,《日本学者研究中国史论著选译》第二卷《专论》,中华书局1993年版。

出其乡绅支配权力发源不明，而足立启二提示要从商业性农业的大范围去寻找土地集中的原因，森正夫则批评基于土地所有和不基于土地所有两类统治之间的关系不明确。①

二、从双轨政治论到家乡情结论

士绅研究的第二条线索，是将士绅的身份与基层社会、地方民众相结合，在承认士绅对国家与地方政府有辅助治理功能的同时，主要强调士绅代表地方争取利益或假公济私谋取私利的一面，由此依次形成了双轨政治论、真空填补论和家乡情结论等。

（一）双轨政治论与真空填补论

所谓双轨政治论，是指在常识性的自上而下的行政运行常轨之外，尤其留意于由士绅主导的自下而上相对运行的政治轨道。这条轨道既要承接政令的具体实施，

---

① （日）小山正明：《亚洲的封建制——中国封建制问题》，历史学研究会编：《现代历史学的成果与课题》(2)，青木书店1974年版。（日）足立启二：《重田〈清代社会经济史研究〉书评》，《东洋史研究》第35卷第2号，1976年；《明清时代小经营地主制关觉书》，《新历史学》第143号，1976年。（日）森正大：《日本明清时代史研究中的所谓乡绅论》(2)，《历史评论》第312号，1975年。

又能反映基层自治团体的民意，防止权力的滥用。真空填补论同样强调士绅在地方政府与社会所起到的积极作用，并将这一作用得以发挥的前提归之于国家与社会之间权力真空的出现。

　　费孝通是双轨政治论的主张者。在这一理论中，他提出了和与之合撰《皇权与绅权》的吴晗完全不同的士绅观点。他认为中国传统政治结构存在中央集权和地方自治两层，中央所做事情极其有限，地方公益不受地方的干涉，由自治团体管理。在表面上看，是由从中央延续到县级的官僚行政机构组成的"自上而下"的政治轨道执行政令，一到政令和人民接触时，就转入"自下而上"的政治轨道。而后一轨道中的自治团体的掌握者就是绅士，他们由"退任的官僚或是官僚的亲亲戚戚"构成，虽然是在野的身份，没有政权，可是朝廷内有人，也有势力，因此可以利用亲戚、同乡、同年等，把反映人民需要的压力透到上层，一直到皇帝本人，同时也享受着人民授予的权力。但这种"自下而上"的政治轨道同时也是脆弱的，"利用无形的组织，绅士之间的社会关系，去防止权力的滥用，不但不能限制皇权本身，而且并不是常常有效的"，相反会造成绅士腐化，使其利用特殊的政治地位去谋取私利,甚至欺凌百姓。[①]

费正清从经济与政治双重含义上来理解士绅内涵。在狭义上,士绅仅指通过考试、举荐和捐买获得功名的个人。而"作为个人的士绅是公家官员,掌管政治和行政事务","并依靠家族关系来维持生计",因此,广义上的士绅还包括其家族,"构成以地产为基础的家族阶层"。另外,"在农民大众眼里,士绅还包括大地主,这是统治阶级的基础"。可见费正清与吴晗、本村正一等人一样,将在职官员纳入士绅范畴,而与他们偏向于国家统治的立场不同的是,他采取了如费孝通一般的立足地方社会的方法。其所遵循的是这样一则通例:"与一切农业生产因素在一起,社会地位的经济特权也必定在农村发挥作用,因而任何解释都必须是社会的、历史的以及经济的解释。"据此,他例举了"士绅是当地统治阶级"的诸种表现,如"操纵了一套有关使用土地的习惯权利和法定权力的制度",充当官吏"征捐收税的媒介","在每个乡里履行许多重要的社会职责",为农民减少来自官方的压

---

① 费孝通:《乡土重建》之《基层行政的僵化》《再论双轨政治论》,《费孝通全集》第5卷(1947),内蒙古人民出版社2009年版,第34—52页;《论绅士》,载吴晗、费孝通等:《皇权与绅权》,观察社民国三十七年(1948)版,第9页。

迫，由此填补了"官僚政府与中国社会之间的真空"。而士绅之所以能不断主宰农民，不仅靠拥有土地，而且由于"几乎包办学术"的"可以被选拔为官吏的士大夫阶级"就是主要从士绅中间产生出来的。①

费正清的真空填补论在根岸佶的耆老绅士研究中也有所体现。他从国家与社会相互分离、较少渗透且按各自方式运行的"国家、社会分离论"出发，认为广大基层社会出现的权力"空缺"，只能由"指导、统率民众"的士绅阶层来填补。士绅作为"民间自治团体的代表"，充当起"官民连络"的媒介，履行着"维持治安、确保民食、排难解纷、劝善举业、移风易俗"等多种社会职能。②

无论是费孝通的政治双轨论，还是费正清与根岸佶的权力填补论，都与同时代的国家统治论有明显的区别。不可否认，二者都是在国家与社会分野的视角下展开研究，只是有的持国家、社会分离论立场，认为国家对地方社会较少有权力渗透；有的虽然反对于此，强调国家对地方社会仍然有极强的控制，但也不否认国家与社会在组

① （美）费正清：《美国与中国》，张理京译，世界知识出版社1999年版，第32—38页。
② （日）根岸佶：《中国社会的指导层——耆老绅士研究》，平和书房1947年版。

织形态上的分离。二者主要是在关于士绅作为中间层或官民媒介更靠近国家或社会的关系模式上有着不同的偏向。从整体来看,强调士绅与地方社会一体化的模式渐成主流,这在仁井田陞法制史研究所提出的"地方共同体"理论中已初露端倪,而后来的乡绅土地所有论与乡绅支配论也延续了这一潮流,所以重田德认为乡绅"其功能已经过渡到实质性的地域支配层"。[①]美国学术界则是以家乡情结论深化了这一主旨与取向。

(二)家乡情结论

所谓家乡情结论,是指将士绅视为所在家乡地域和原出身家族相关利益的天然眷顾者和维护者,同时也承认他们是地方政府公务的协助者、共治者和上下其手损公肥私的钻营者,并试图从中寻找某些地方文化和政治倾向之源。

张仲礼是家乡情结论的系统首倡者。他在对中国士绅所进行的最早的全面性研究中,提出依科举制产生,由具有功名、学品、学衔和官职者组成的有较大规模的绅士阶层,存在分别由官员、进士、举贡和生监、例贡生等构成

---

① (日) 重田德:《乡绅支配的成立与结构》,《日本学者研究中国史论著选译》第二卷《专论》,中华书局1993年版。

的上、下两个集团，享有优免税役、政治礼遇和法律豁免等特权，同时负有兴办地方公益、排解邻里纠纷之责。"绅士充当了政府与百姓之间的中介人"，既受命于宪官办事或协助官府办事，又作为地方的代言人说服政府接受他们的看法，往往"视家乡的福利增进和利益保护为己任"，同时又有偷漏税役、包揽钱粮、均沾官员肥利、获取司法偏袒等自私自利之性。因此，"绅士代政府而行事，但又不是政府的代表人"，还是经营着大量地产、企业，并从事教育等服务工作而收入最高的一个社会群体。①

萧公权指出，19世纪的国家正式权力衰落，权力重点转向拥有"非正式权力"的绅士。一般情况下，绅士能与国家保持一致，因为王朝延续能从制度上确保绅士们继续享受令人羡慕的特权地位。尤其是进入官场的绅士，其利益与政权紧密地交织在一起，比普通士人有更强的动力来维持这一政权。然而，绅士与国家也有利益分歧，当维系他们在一起的环境发生变化时，二者亦可能背离。这是因为"绅士中许多人谋取其地位，是为了更好地保全其家族及财产，对抗侵占，而不是为了满足他们为帝国

---

① 张仲礼：《中国绅士：关于其在19世纪中国社会中作用的研究》，李荣昌译，上海社会科学院出版社1991年版；《中国绅士的收入》，费成康等译，上海社会科学院出版社2001年版。

事业服务的愿望"。①

瞿同祖从县政府权力构成的角度,将清代的绅士分为由现任官、退任官、罢免官和捐衔者组成的官绅,及由举贡生监组成的学绅。在他看来,无论是置身权力中心的官绅,还是处于权力边缘作为潜在统治阶级的学绅,他们的身份和权力与是否拥有财产并无关联,并都以所拥有的非正式权力与地方政府的正式权力合作共同管理地方事务,成为兴办地方公益和维护自身既得利益二者并存的精英群体。由于不法营私,个别绅士还会和州县地方官发生冲突,但这些冲突还"从未严重到足以引起权力结构和既定社会秩序变化的程度"。②

艾森斯塔得认为中国绅士是"处于贵族与农民之间或处于农民之中的土地阶层","一般由中层的土地所有者、食地租者和地主构成",并"成功地获得了政治显要地位"。这个从汉代就开始出现的绅士阶级"支配了农村社会,承担了大部分地方政府的任务。而且,大部分官员都来自于这一阶级"。"一般来说,绅士的竞争或是开

---

① (美)Kung-chuan Hsiao. *Rural China: Imperial Control in the Nineteenth Century.* Seattle: University of Washington Press, 1960.
② 瞿同祖:《清代地方政府》,范忠信等译校,法律出版社2003年版,第282—230页。

展于地方层次(通过与地方官员的联系等,在地方政府机构之中),或是在中央进行(通过朝廷官僚集团,在主要的官署之中)","但也只有某些经过精选的绅士成员才成功地进入了中央的官僚、政治和文化群体之中,大部分人则是依然处于地方界限之内。他们在这种界限之内,组织、领导和维持着各种类型的社会、文化与宗教组织。以这种方式,他们也能够在各自的地方背景中发展某些更为广泛的文化和政治倾向"。①

由此可见,自张仲礼以下四人都仍立足于士绅的身份特质及其与地方社会的家乡家族情结来谈其社会特征,同时将费孝通所指出的士绅唯利是图的一面加以充分展开,并且也不再纠缠于"填补权力真空"之类的抽象说法,而是致力于从较为具体的历史事例中发现士绅的行为逻辑与处世准则。但他们将全国范围的士绅都纳入观察视野,对历史事例的论述仍无法充分展开,亦无暇顾及不同地区士绅行为方式的差异,这就导致不少叙述环节还停留在类型化的抽象推理层面。此外,学者们也发现在地方社会中亦有不少并非士绅身份,但与士绅社会

---

① (以色列)艾森斯塔得:《帝国的政治体系》,阎步克译,贵州人民出版社1992年版,第207—210页。

角色相似的巨商地主等富有群体,因而主张将他们也纳入研究范围。后续出现的地域社会论和精英场域论,则是在回应这两个问题的基础上,继续推进了突出地方功能的士绅研究。

三、社会流动与士绅兴衰

士绅研究的第三条线索,是从社会阶层流动的角度观察士绅阶层的兴起、持续与衰落过程及其与国家、社会的关系等。主要关注明清科举制度的变革导致士绅阶层的形成,士绅阶层对科举取士的垄断趋势,地方代表性的士绅家族维持长期不坠,近代士绅阶层的转型与衰落等问题。在前列论著中已提及的部分内容不再重复,本节仅述其余有代表性的成果。

(一)士绅阶层的形成

士绅阶层依赖科举制度而形成,这是学界已取得广泛共识的问题,但这一阶层具体是怎么形成的,却是此问题中长期被忽视的一个重要方面。韩国学者吴金成对此作了比较系统的梳理。他把明清时代的"绅士层"区分为"绅层"和"士层",其中有官职经历的绅层因自前代开始就成为政治、社会上的统治阶层,彼此间存在着强有力的同类意识与使命感。而未入仕持有学位的士层,等到明代才形成为完整的社会阶层。因此,他主要梳理了入明以来生员、监生、举人等未入仕学位持有者,即士层的成立过程。

简单地说,一是与宋代太学生不同,从明初开始的生监举人,依赖科举制度获得终身优免徭役之权,还可依次提升学位,至凭高级学位资格入仕和参加会试等,由此上升为特权阶层。二是学位持有者于明初即已存在于社会,但因其人数较少,里甲秩序下的乡村再生产功能也可维持在一定的程度,尚未融合于里甲秩序之中。而到15世纪中叶之时,随着里甲秩序的分解和生监人数的急剧膨胀,60%—70%的生员和多至两万有余的监生上升无望,都只能成为用国家所保障的特权追逐私利的"保身家"的一伙,因而逐渐壅滞于乡村,融合于里甲,成为一个独立的社会层。三是明中叶以后,由于共同的儒家教养和理念,这些未入仕的学位层之间,存在着如身为士大夫的自我意识或发自共同利害关系的阶级保护意志等共同意识,因而被视为一个以"士"命名的"独立的社会阶层",并在某些情况下,还将之与有官职经历者看作同一阶层,总称为绅士或绅衿。[1]

---

[1] (韩)吴金成:《明、清时代绅士层研究的诸问题》,东洋史学会编:《中国史研究的成果与展望》,中国社会科学出版社1991年版。

（二）士绅阶层对科举取士的垄断趋势

自从潘光旦、费孝通和柯睿格在1947年分别发表《科举与社会流动》、《在帝国统治下的中国科举考试中家庭与功绩的较量》等文以来，中外学者对科举制度在中国社会阶层上下流动中的作用进行了持续的考察，而其所关注的核心议题是平民出身的士绅占比情况。在明清史领域，主要利用登科录、朱卷、题名录、同年齿录及相关历史档案与文献进行统计分析，近年来《清代朱卷集成》、《清代缙绅录集成》等大型文献的出版及相关数据库的建设，使这一研究因统计样本的不断扩大而得以更加全面和不断深入。但不管如何，都反映了士绅对科考的垄断趋势。

何炳棣利用了约三万五千例进士、举人和贡生的个案，其所得统计分析结果表明：明清两代进士的家庭背景中，三代之内没有任何功名（生员除外）参考者的比例已经从1371年的75%下降到1661年的29.7%，最终下降到1844年的15.5%。也就是说，由生员及没有任何功名的平民考中进士的机会已被大大地压缩了。[1]罗伯特·马

---

[1]（美）Ping-Ti Ho. *The Ladder of Success in Imperial China: Aspects of Social Mobility, 1368—1911*. New York：Columbia University Press，1962，pp.112—113、122—124.

士对清代454名汉官群体的研究指出,来源于三代之内有官员的宦家者占63%,出身为平民子弟者仅占37%。[1]郑若玲通过对《清代朱卷集成》七千多名举子家世的分析指出,清代各层举子上行三代均无功名者,进士、举人、贡生的比例分别为13.27%、13.41%、9.45%,平均为12.69%。[2]张乐翔与任玉雪等人则指出,即便是通过捐纳入仕者,其实与科举入仕者都来自于同一群体。易言之,捐纳人员大都来自于本身就有进士、贡生等科名的家族。[3]

士绅对科举取士的垄断趋势在明清科举家族的研究中也有反映。这类研究既有地域性的,也有全国性的,而前者远远多于后者。就前者而言,贝蒂对桐城士绅家族的研究颇具代表性。在她之前的美国学界,普遍认为取

---

[1]（美）Robert M. Marsh. *The Mandarins: The Circulation of Elites in China, 1600-1900.* Glencoe [Ill.] New York: The Free Press, 1961.

[2]郑若玲:《科举对清代社会流动的影响——基于清代朱卷作者之家世分析》,《厦门大学学报(哲学社会科学版)》2007年第5期。

[3]Lawrence L. C. Zhang, "Legacy of Success: Office Purchase and State-Elite Relations in Qing China," *Harvard Journal of Asiatic Studies*, Vol. 73, No.2, 2013. 任玉雪等:《清代缙绅录量化数据库与官员群体研究》,《清史研究》2016年第4期。

得士绅身份的科举考试，已使得士绅上层社会内部的流动十分频繁，而她对桐城具体情况的考察却有力地否定了这一点。她发现该县的上层社会人物主要来自于六大家族，这六大家族自明代后期即已在本地扎下根基，并在整个清代始终统治当地社会。他们主要通过投资于族产和推动族人仕进，来维持其社会地位和权利。如张英的后代之中，竟有占比82%、总数为146名的子孙获得功名。在16世纪或之前成为显贵的家族，在清初同样获得学业和官位上的成功。[①] 张杰根据《清代朱卷集成》八千多份朱卷史料，选取"至少取得举人或五贡以上功名"的全国性科举家族进行分析。他发现在全国各地都存在的科举家族，在形成过程中经济条件起着决定性的作用，而其兴旺发达则依赖于对文化教育的重视，并成为政府官员的主要来源和"清代封建统治的主要社会基础"。[②]

[①]（美）Hilary J. Beattie, "The Alternative to Resistance: The Case of T'ung-ch'eng, Anhwei," *From Ming to Ching: Conquest, Region, and Continuity in Seventeenth-Century China.* Edited by Jonathan D. Spence and John E. Wills. Jr. New Haven: Yale University Press, 1979.

[②] 张杰：《清代科举家族》，社会科学文献出版社2003年版。

（三）近代士绅阶层的转型与衰落

清末与民国时期士绅阶层的转型与衰落可谓中国近代社会变迁的缩影。立足于士绅研究的学者们大多主张通过梳理中国的内在因素来揭示这一变化或变迁的过程，如孔飞力的地方军事化论、王先明的政制废革论、杜赞奇的文化网络论、艾博华的阻碍论和马敏的绅商论等从不同侧面展现了其演进的轨迹。

孔飞力主张从中国社会的内部结构，即精英与国家权力的分配中，去寻找中国近代历史的起源，率先对其老师费正清的"冲击—回应模式"发起挑战。他从1796—1864年清朝动荡不安的社会历史环境与传统国家权威的衰落、地方军事化和绅权的扩张趋势中，看到了在中国社会秩序中得以维系士绅等地方精英权力与团结的"弹性与韧性"，同时也意识到"接踵而来的衰落是源于精英自身内部的某种新的致命缺陷"。但士绅等精英群体在1905年科举制废除之后并没有消失，而是以其军事团队继续控制着农村。[①]

王先明对近代士绅阶层源流的系统分析，虽然涉及

[①]（美）孔飞力：《中华帝国晚期的叛乱及其敌人：1796—1864年的军事化与社会结构》，谢亮生等译，中国社会科学出版社1990年版。

其千年流变、乡土权威、社会变迁、团练控制、等级解体、社会流动、结构转型、绅权扩张等多方面的内容，但他重点所强调的，则是士绅阶层的形成及其地位的确立，决定于封建科举制和封建等级制，20世纪初科举制的废除与帝制的消亡等制度性变革的突飞猛进，从根本上推倒了士绅阶级得以存在的两大砥柱。在传统意义上的士绅消亡之后，从中分化出来的"绅商"或"新绅士"开始逐渐在社会变动中组成一股新的独立的社会力量，由乡居而走上了更大的政治舞台，在为自身的利益而奋斗的同时，也被染上了资产阶级的色彩。①

　　杜赞奇吸收后现代理论，将帝国政权、士绅文化与乡民社会纳入一个共同的理念框架，并将权力、统治等抽象概念与中国社会特有的文化体系连接起来，提出权力的文化网络理论，即认为"乡村社会中的政治权威体现在由组织和象征符号构成的框架之中"。其中晚清国家政权基本上成功地将自己的权威和利益融合进文化网络之中，从而得到了乡村精英的公认。而进入20世纪之后，国家权力的扩大和深入极大地侵蚀了地方权威的基础，

---

① 王先明:《近代绅士——一个封建阶层的历史命运》，天津人民出版社1997年版。

这是文化网络受到攻击的一个结果。相应地,乡绅等原来致力于地方利益的保护型经纪"纷纷躲避公职",不再"对重振声望和再次充任社区领袖充满热望和信心",代之而起的则是承包国家征税、唯利是图的地痞恶棍,他们造成国家政权的内卷化趋势,成为国家政权和乡村建设的绊脚石。[①]

艾博华认为中世纪的中国可称之为"士绅社会",但是士绅不具有像欧洲封建主那样的政治身份,在士农工商的身份序列中处于非常不稳定的地位,以致在帝国后期常处于向下流动的趋势之中。到了中国传统社会末期,士绅演变成了阻碍新的生产方式、维护传统社会结构的落后力量。[②]马敏则认为随着近代重商主义的兴起,传统士绅阶层向绅商阶层转变,具备了近代民族资产阶级的某些思想和行为特征,构成近代民族资产阶级的重要主体,成为中国民族资产阶级的早期形态。他们不仅热心参与社会公益、博览会等事业,而且在以商会为核心的新式商人社团的兴起与整合中发挥了重大的作用。不仅

---

① (美)杜赞奇:《文化、权力与国家——1900—1942年的华北农村》,王福明译,江苏人民出版社1996年版。

② (德) Wolfram Eberhard. *A History of China.* Berkeley and Los Angeles:University of California Press, 1950−1977.

如此,在抵制美货收回利权、立宪运动、辛亥革命等一些近代重大政治活动中,都可发现绅商积极而活跃的影响。总之,绅商是近代中国不可忽视的政治力量。[①]

四、地域社会论与场域精英论

士绅研究的第四条线索,是根据不同的研究问题,将士绅等精英群体与特定的活动空间、公共领域和社会组织之类特定"场"或"场域"相结合,探寻其生活方式、行为模式、事务策略、圈层构建及其背后的价值观念、利益考量与历史逻辑等,进一步强调士绅的地方特质,由此形成了地域社会论和公共领域、市民社会、地方策略等场域精英论。

(一)地域社会论

从日本乡绅研究的学术史来看,重田德里程碑式的乡绅支配论虽然已经指出乡绅是"实质性的地域支配层",但其研究仍然以全国性的整体范围来展开,没有考虑各地区的差异,也不可能提供非常生动而又极为深入地反映乡绅日常社会活动的具体案例,因显得比较空疏

---

① 马敏:《官商之间:社会剧变中的近代绅商》,天津人民出版社1995年版。

而缺乏说服力,特别是以往研究所强调的国家统治、乡绅支配的具体"场合"常常被忽视。森正夫等自20世纪80年代初开始倡导的"地域社会论"就试图弥补这些不足。实际上,日本学界的这一理论倾向在宫崎市定于1954年发表的关于明代苏松地方绅民关系的论文中就已有发端,之后虽有如山根幸夫论述华北市集的经营管理与绅士关联的文章问世,但一直没能成为学界的主流而对之缺乏系统的阐释和运用,还谈不上成为真正方法论意义的研究范式。[①]

　　1981年,在名古屋大学举办的中国前近代史的学术研讨会——"地域社会的观点:地域社会与指导者"之上,森正夫为中国社会史研究的再思考提出了一个后来被广泛接受的新的学术概念——地域社会论。根据他本人的系统阐述,所谓地域社会,不是指拥有一定具体地理领域的实体概念,而是指向人们生活的基本的"场",即广义上再生产的"场"的方法概念。在这个"场"之中,"虽然包藏阶级的矛盾、差异,但是面对广义再生产的共同现实课题的各个人,在共同社会秩序下,由共同指导者

---

① (日)宫崎市定:《明代苏松地方的士大夫和民众》,(日)山根幸夫:《明及清初华北的市集与绅士豪民》,《日本学者研究中国史论著选译》第六卷《明清》,中华书局1993年版。

（或指导集团）的指导所统合"。换言之，"乃包含意识范畴在内，为固有的社会秩序所贯穿"。其主要特征在于，"具有对立、差异的各个人，在另一方面却被统一、合作。于其统一、合作的契机中，需注意其同时包含意识范畴在内，也掌握地域社会的地域'场'。也就是说，彻底思考地域'场'的对立事物统一的契机、结构，此外还包含意识范畴"。①

　　在森正夫提出地域社会论之后，众多日本学者采用不尽相同的研究方法和理论探讨地域社会，形成以地域社会为研究对象的研究趋向。如井上彻、川胜守、滨岛敦俊、稻田青一、西川正夫、山根幸夫、夫马俊、谷口规矩夫、森正夫、三木聪对江南、珠江三角洲、四川、华北、福建等地区的乡绅与民众反乱问题的研究；松田吉郎、蔡志祥、山田贤等对广东南海、香山、四川等地士绅在地方开发中的资源争夺和宗族整合等问题的研究；岸本美绪、上田信、山田贤从地域社会中的乡绅士人的动向、无组织的乡绅精英、绅粮、生员推动设置新县等方面看国家与社会的关系；西川喜久子、井上彻、新贝宪弘对珠江三角洲、四

---

① （日）森正夫：《地域社会论的核心、背景、理解和课题》，《人文研究期刊》第12期，2014年。

川等地的乡绅与宗族关系问题的研究等。[1]

（二）场域精英论

在日本学界的乡绅研究出现向地域社会论转向之时，西方士绅研究也因受到人类学方法的影响而开始重点关注地域社会，并将士绅概念扩展到包含范围更为广泛的地方精英概念。这既是由华裔美国学者开创的强调士绅地方性倾向的自然延伸，也是其早期地方区域性研究的新发展。如魏斐德在1966年就考察了广东三元里事件中各社会集团与阶级对外国的态度、行动及相互影响，认为这一事件并非农民的自发行动而是由官府倡办和绅士领导的结果。[2] 萧邦齐则于1973年专门分析了四川地区的精英构成，指出19世纪50—60年代的精英有扩大化趋势，其中40%以上的当地精英为没有任何功名的平民。[3] 但此时的地域性士绅、精英研究还没有形成占主导地位的完整研究范式。80年代以后，专注于"场

---

[1] 常建华：《日本八十年代以来的明清地域社会研究述评》，《中国社会经济史研究》1998年第2期。

[2] （美）Frederic E. Wakeman. *Strangers at the Gate: Social Disorder in South China, 1839−1861.* Berkeley: University of California Press, 1966.

[3] （美）R. Keith Schoppa, "The Composition and Functions of the Local Elite in Szechwan, 1851−1874," *Ch'ing-shi wen-t'i*, No.10, 1973.

域"的地方精英论逐渐成为西方学界的主要潮流,并发展出了公共领域、市民社会、地方策略等不同的分支。

何谓场域精英论?其核心概念有二:一是地方精英,一是场域。"地方精英"被定义为"能在地方行使统治权的任何个人或家族",主要包括"占有财富的商人或手工业主,获得身份的贵族或士绅,行使权力的政府官员"。之所以放弃"早期使用的士绅社会概念"以避免使用"财富、身份、权力"等韦伯式分类体系,是因为"不断扩大的地域史研究表明","地方精英"的概念所包含对象更为多元化,在研究中具有灵活可变性,因而也就更能"靠近社会现实"。与此相似的是,虽然不否认中国社会中阶级的存在而不用阶级来定义地方精英,也是因为"仅仅意味着生产方式的共享关系"的阶级范畴"太过狭窄和静态而并不能涵括中国精英的经济上的差异"。[①]

其研究之展开,不再遵循在相同的行政区域下地方精英运作方式必定类似,及具有相同身份等级的士绅的行为模式必定一致等预设前提,而是认为只有区分精英活动的"场域"结构,才能有效评价和理解士绅阶层的多

[①](美)Joseph W. Esherick and Mary Backus Rankin edited. *Chinese Local Elites and Patterns of Dominance.* Berkeley and Los Angeles: University of California Press, 1990, pp.10—11.

样性。因而视"场域"为研究士绅等地方精英的最小单位。所谓"场域",是指精英与其他社会行动者所涉入的环境、社会舞台、周围的社会空间,通常也包括地点。场域可能是地理上的(村庄、县、国家),也可能是功能上的(军事的、教育的、政治的),一个场域的概念也包含了其关联人的价值、意义和资源的集合。由于中国不同地区场域的可用资源和社会环境存在显著差异,在各个地方的精英中也存在相应的不同。因此,对于不同场域特征的分析,不但有助于解释可直观看到的地方精英的多样性,也有助于充分关注中国各地不同的社会环境,如有的地区商品化程度更高,而在其他一些地方或时间则是因失序导致军事化。总之,不再只关注官僚制度和科举功名所规定的一致性。[①]

场域精英论中有以罗威廉、卜正民和兰金为代表的公共领域说、市民社会说。罗威廉根据19世纪汉口城市商业和社会形态的特点,提出这个城市的精英通过投资于地方权力建设而拥有了一定规模的自治权,同时由社会精英领导的行会在社会福利和公共事务组织中形成

① (美)Joseph W. Esherick and Mary Backus Rankin edited. *Chinese Local Elites and Patterns of Dominance.* Berkeley and Los Angeles: University of California Press, 1990, pp.11—12.

了一个中间社会的政治舞台——"公共领域",在社会冲突和自然灾害之时比官方支持的组织能更有效地处理危机。[1]卜正民立足于晚明中央权威衰落而对于地方控制趋于松弛的背景下山东诸城、浙江鄞县等地士绅与寺院之关系,力图说明自明中叶以来因享有赋役特权而不断壮大的士绅阶层所逐渐显示出的公共性,如在地方事务中崭露头角,向寺院进行象征性资本投资——捐赠财物,而寺院作为一种相对独立的场所,推动形成了一种类似于西方资产阶级时期所出现的公共领域——士绅社会。[2]

兰金认为浙江地方精英多来自绅士,其政治、经济影响因太平天国运动而急剧膨胀,在"同治中兴"以后的地方重建过程当中,浙江出现了教育和宗教等领域的自治性公共部门。他们由包括绅士与民众在内的地方精英领导,其运作既不同于官僚行政,也不同于个人、家族、宗教团体的"私人活动",并已经超出了传统善举的界限,类似于西欧市民社会的组织,成为晚清公共事务的主角。

①(美)William T. Rowe. *Hankow: Conflict and Community in a Chinese City, 1796–1895.* Stanford:Stanford University Press,1989.

②(加)卜正民:《为权力祈祷:佛教与晚明中国士绅社会的形成》,张华译,江苏人民出版社2008年版。

在社会和经济条件支持下出现的绅商群体,改变着精英的特征及其与国家的关系,产生了更多的地方需求并使更高威望的地方精英卷入其中。在19世纪下半叶,国家与社会关系的大混乱,把旧的公共领域与市民社会的兴起连接了起来。①

他们这一比拟西方历史进程的做法,受到了孔飞力、魏斐德、黄宗智等人的批评。如黄宗智指出不能按照哈贝马斯的公共领域模式,来代替国家与社会对立的二元模式,国家这边没有独立从事公益活动所需的基础结构,绅士又没有实施大规模公共活动的民间组织,国家领导与绅士支持二者不可分离,因而主张用国家与社会对之均有影响的"第三领域"来代替"公共领域"。②

地方策略范式则是场域精英论中的主要流派。此研究范式指出,精英们为了维持其统治,必定要控制一定的资源,包括土地、商业财富、军事权力等物质资源,权势网

---

① (美) Mary Backus Rankin. *Elite Activism and Political Transformation in China: Zhejiang Province*, *1865—1911.* Stanford: Stanford University Press, 1986. 玛丽·兰金:《中国的公共领域》,黄宗智主编:《中国研究的范式问题讨论》,社会科学文献出版社2003年版。
② 黄宗智:《中国的"公共领域"与"市民社会"? ——国家与社会间的第三领域》,同氏主编:《中国研究的范式问题讨论》,社会科学文献出版社2003年版。

络、宗亲组织、社团协会等社会资源,技术专长、领导能力、宗教性或神魔性力量等个人资源,或地位、荣誉、特定生活方式等包含一切文化交换的象征资本。精英,或后备精英,会策略性地使用其资源以提升或维持他们的位置。聚焦于精英的策略是为了了解精英创造和维持其权力的动态过程:他们是自己历史的介入者和积极的创造者,在长期反复的经验积累与策略运用中,构造、维持和修正了文化结构,文化结构反过来又形塑和限制了各个场域后续实践活动赖以展开的社会环境。这种策略与文化的双向互动结构,能展现出比单纯的结构叙事更为动态的精英行动的图景,如发现精英如何实施世代形成的策略,以保护家族资源免遭因遗产分割而造成的分散,而这些世家大族反过来又如何成为精英们相互竞争场域的结构形塑者。用一个更为现代的话语来说,精英们通过结成联盟以实现其政治目标,然后此联盟又成为新的政治竞争结构中的资源。资源、策略和结构的交集提供了一个更适宜描述地方精英地位上升、维持或下降的概念性图谱。①

---

① (美)Joseph W. Esherick and Mary Backus Rankin edited. *Chinese Local Elites and Patterns of Dominance*. Berkeley and Los Angeles: University of California Press, 1990, pp.12−13.

（三）地域倾向对中国学者的影响

中国学者20世纪80年代以来的士绅研究，一方面保留了本国史学界宏大叙事和趋势论的传统，这在前引伍丹戈、王先明等人的论著中均有体现。另一方面也广受地域社会论和场域精英论的影响，其中比较有代表性的有徐茂明的明清江南士绅研究、李世众的晚清温州士绅研究和孙竞昊的明清之际济宁士绅研究。

徐茂明从社会文化学、政治社会的角度，对明清江南士绅在传统社会中文化权力的获得和文化秩序的建立与维护进行了较为系统的研究，着重探讨了士绅阶层的发展历程和文化权力的获得，与国家对士绅政策的变化、士绅与基层社会的互动、士绅在社会保障中所发挥作用等方面之间的关系，并以苏州潘氏这一士绅家族个案进行了典型分析。在其核心概念的运用、整体框架的安排和具体叙述的风格上，既呈现了不自觉的宏大叙事的烙印，又显示出主动追求地域性范式的努力，反映了日本和西方新的士绅精英研究方法对中国大陆学者的初步影响。①

---

① 徐茂明：《江南士绅与社会变迁：1368—1911年》，商务印书馆2004年版。

李世众致力于考察晚清温州的若干事件中地方官员与士绅的关系和士绅内部不同集团之间的关系,勾勒出在较长时间跨度内的温州权力关系格局的演化链条及其整体性复杂面貌。他强调晚清绅权扩张只是上层士绅权力的扩张,官绅民之间是复杂的平衡与相互依赖关系而非单向的垂直等级关系,宗族组织具有重要的地方政治意义,权力斗争和利益冲突使意识形态成为社会空间内权力游戏的道具。在这项作者自称为"区域社会史"性质的研究中,温州不再是像徐氏"江南"那样的地理上的概念,而是因权力运作而在多个主体之间形成的一个关系"场"或"场域",突出了士绅在这个地方场域积累文化资本、争夺权力象征资源、扩张社交网络、变更联盟对象等真实而全面的行为轨迹、事务策略和利益考量,破除了关于士绅具有共同价值、共同利益和共同文化生活的既有想象,已与地域性研究倾向,特别是场域精英论并无二致了。①

孙竞昊作为卜正民的高足而直接继承了其"公共领域"说并有所发展。在其关于明清之际济宁士绅经营地

---

① 李世众:《晚清士绅与地方政治:以温州为中心的考察》,上海人民出版社2006年版。

方社会的专论中,他强调明中期以来的新社会经济环境里的多种资源促使以地方为取向的士绅社会的形成,如士绅充分利用文化、教育、道德和财富优势,塑造当地特有的文化景观、文化氛围和地方认同,并建立主导地方社会关系的文化和政治霸权。同时,商人等其他非特权阶层的富人通过加入士绅阶层的社会活动而进入精英的行列。士绅所代表的地方社会与国家既冲突又合作,这种错综复杂的关系突出地表现在涉及多方利益的公共领域。济宁士绅虽然确实有导致背离官方属地的公共领域的扩张,但与哈贝马斯所概括的西欧国家随着现代化进步而扩张的自治性质的公共领域不同,明清时期济宁士绅势力带有某种独立性的扩张往往发生在明末、清末等国家权力萎缩的特定瞬间。[①]

五、趋势辨评与本书趣旨

前文以四条线索所梳理的士绅研究的发展历程与重要成果,反映了近八十年以来中外学者从士绅阶层解构明清社会特质及其运行真实面貌的基本理路和演变大

---

① 孙竞昊:《经营地方:明清之际的济宁士绅社会》,《历史研究》2011年第3期。

势。对这一研究趋势作一辩证的分析与评价,可为我们重新研究明清士绅社会提供极具价值的理论借鉴。

(一)趋势辨评

1.趋势概要。

其一,从国家、社会到地域:研究视角的不断下移。

国家与社会的分野,是由吴晗、费孝通、根岸佶等人开创的士绅研究传统之一,只不过有的强调士绅是国家统治的主体或重要组成部分,有的偏向于士绅在社会自治性管理中的领导作用;有的判断国家与社会以各自方式运转且相互较少渗透,有的认为国家对社会有直接的渗透与控制。日本学者的乡绅土地所有论与乡绅支配论把士绅视为社会分化的结果,而不是将其当作国家统治的内在组成部分,西方学者和部分日本学者则在双轨政治的框架下,突出士绅因国家基层统治真空的出现和原出生地家乡情结的牵引,而在地方社会所发挥的权力填补和公私两利作用。后来地域社会论与场域精英论逐渐兴起,士绅研究的单元遂由全国性的地方社会转向某一区域的地方社会,以验证其具有不同经济、政治、军事、文化等资源的地域性士绅的行为模式各有差异的理论假设。相应地,也从长时段的考察变成了以某一特定时期为主的短时段考察。如乡绅土地所有论还关注明清乡绅地主制相对宋元地主制的特点,而专注于"场域"研究的重点则已转向明末、清末等特殊时期的某地的士绅等精英了。

其二,从身份论转向功能论:研究取向的前后变化。

在20世纪40—70年代的士绅研究中,士绅的身份是各流派所共同关注的核心议题之一。学者们的基本研究思路不外乎先讨论士绅从国家获得官位和学位的途径及其基本构成,再分析其特权身份在国家行政体制、赋役优免政策、社会土地制度与相应生产方式、地方公益事业和自身利益谋取等领域所发挥的作用,最后强调其在价值理念、文化修养、利益趋向、生活态度等方面所具有的高度同质性,以及作为社会中间层在协助国家治理和领导民众、维持社会秩序等职能上具有的高度整合性和保守性。80年代以后,在身份论士绅研究之外,功能论士绅研究渐渐兴起。其特点是不再将研究对象限制在享有特权的士绅群体,而是将之扩大到具有相似功能的各类精英;除一部分研究仍将士绅视为具有同质性、整合性和保守性的社会中间性阶层,越来越多的学者将其看作各地不同、内部分化、相互竞争和多向联盟的功能分化性组织。

其三,从政策决定到资源策略:研究逻辑的不同构架。

在士绅研究的早期阶段,士绅所能享受到的赋役优免、司法豁免和官方礼遇等特权被学者们视为决定其获得经济资源和国家统治权、民众领导权的决定性因素。如吴晗论士族大庄园的出现,是由于"官僚资本转变为土地资本",即"绅士由政治的独占侵入经济"的结果。日本学者对于乡绅地主制的形成与乡绅支配的成立,都是从士绅优免特权上追溯根源。费孝通双轨政治论和张仲礼家乡情结论所论士绅具有的地方势力和官府影响力都认为是国家明文规定的或实际允许的。吴金成、何炳棣和王先明等强调社会流动对士绅地位的影响,无一不首推国家所实行科举制的核心作用。但以场域精英论为代表的士绅研究则强调士绅等精英创造和维持其权力的过程,即对自己已拥有的物质的、社会的、文化的和军事的各类资源的综合运用策略。

2.辩证评析。

在以往士绅研究学术史的梳理中,有的学者只进行客观描述,较少有价值倾向性评价;多数则以"进步"、"深入"、"突破"和"成熟"等词汇来形容其前后发展之过程。笔者认为,任何士绅研究的展开,必然有一定的预设前提与价值立场,士绅研究的演进逻辑,也不必然代表后者对于前者的超越和进步。只有对之进行辩证的分析与评价，才能对其"扬弃"过程得出理性的认识。

其一，整体性与区域性：怎样"在中国发现历史"？

20世纪80年代以来地域社会论与场域精英论等作为方法论的地域性研究的渐次流行，表明了学术界对以往整体性研究方法的反思与摒弃。从更广阔的学术潮流来看，这其实也是柯文所总结的西方学者"在中国发现历史"的"中国中心观"兴起中的重要一环。柯文把"从空间上分解为较小的、较易于掌握的单位"归之为"中国中心观"的重要特征之一，认为"这种取向并不是以中国为中心，而是以区域、省份或是地方为中心"，而之所以要这样做，"是因为中国的区域性与地方性的变异幅度很大，要想对整体有一个轮廓更加分明，特点更加突出的了解——而不满足于平淡无味地反映各组成部分间的最小公分母——就必须标出这些变异的内容和程度"。其优长之处在于，"可根据所研究问题的不同性质，确定不同水平的具体化程度，并采取不同的变数组合"。[①]这一学术潮流在不少中国学者中引起了共鸣。如赵世瑜说："新的中国通史将是建立在'地方性知识'基础上的通史，而

---

① (美)柯文：《在中国发现历史——中国中心观在美国的兴起》，林同奇译，中华书局2002年版，第178页。

不是在一个'宏大叙事'或在某种经验指导下形成的'国家历史'的框架内进行剪裁的地方史的总和。"①当然更为明显的标志，则是以华南学派为代表的区域史研究的广泛出现。

作为方法论的地域性的研究，在中国发现了什么样的"历史"呢？能否真正实现其以"中国为中心"的历史理念呢？对此有系统性考察的李红岩指出："当学者们这样去做时，必然会不断地关注中国历史的多样性与复杂性，不断地深入中国历史内部，因而不断地分解、分析中国历史的要素，将历史切片予以解剖，结果导致对中国历史整体性的消解。这与其说是'在中国发现历史'，毋宁说是淹没历史。当人们在中国所'发现'的不是历史整体，而只是一个个历史地域、时段、断片或要素的时候，或者竟然把这些历史要素或断片当作历史整体的时候，那么，历史的活体，就只能成为供解剖用的零碎构件了。"②因此，西方学者所倡导的"中国中心观"，并非"认识中国

---

① 赵世瑜：《作为方法论的区域社会史——兼及12世纪以来的华北社会史研究》，《史学月刊》2004年第8期。

② 李红岩：《从社会性质出发：历史研究的根本方法》，《中国史研究》2017年第3期。

特色的最佳途径"。①

对于士绅研究而言,同样如此。当然,我们并不否认以往从国家体制、经济结构、社会阶层的整体性来研究士绅阶层所导致的同质化、简单化的后果,但也不能因此而彻底抛弃整体性的方法论视角。最佳的途径是将二者进行有机的结合,这种结合既不是宏观叙事的地域化,也不是微观叙事的整体化,而是先抓住中国作为一个完整的社会有机体所呈现出来的基本社会性质,再来探寻各地域社会的特质与之相比较所凸显的差异。士绅研究,就应该重点发现这样的"中国历史"。

其二,士绅与其他精英:谁才是地方社会真正的主导力量?

士绅研究从身份论向功能论的转变,实质内含了一个非常值得探讨的问题:士绅与其他精英相比较,谁才是地方社会真正的主导力量?原来的身份论虽然也认为士绅内部有上下层之分,但多数仍在整体上将其视为具有统一社会属性且在地方社会公共事务中发挥主导作用的群体,而功能论将之与其他非身份性的商人地主等同样

---

① 吴承明:《转变的中国——历史变迁与欧洲经验的局限》"序",江苏人民出版社1998年版,第1页。

在地方社会具有影响力的群体一并视为精英。而问题在于，功能论认为只要能动员社会资源获得并维持权力的群体，都可纳入精英之列，但实际上士绅与非身份性精英动员资源的能力、途径和获得权力的重要程度都不在一个等级之上。也就是说，士绅与其他精英相比，虽然都能发挥地方社会的领导作用，但前者占据了绝对的主导和核心地位。如前举孙竞昊之文已指出，济宁地方的商人等其他非特权阶层的富人，只有加入士绅阶层的社会活动，才能称为精英，而不是相反。

将士绅与其他精英区别开来，不仅可以明确创建地方社会的真正主体，而且能够帮助我们洞悉当时社会流动的一个重要方面——占有财富者只有向拥有特权者靠近，才能接近权力的中心，也就才能成为真正的社会精英。所以，对地方社会的公共事务或公共领域话语权的争夺，其核心不是从财富到财富的自我循环，而是要动员包括财富在内的一切资源向士绅这一享有特权阶层的总攻。将士绅与其他精英等同视之，自然就无法揭示明清时期经济与社会结构之间的这一内在联系，也就不能触及明清社会因士绅存在而具有的本质特征。

其三，政治、经济与策略：哪一面决定了士绅的社会属性？

士绅的形成、发展、转型或式微,士绅的社会地位及与国家或社会的关系等,都是考察士绅社会属性的重要方面,其核心是士绅作为地方领导者或主导者的权力来源于哪里、向谁使用的问题。对此,学者们主要以科举制度、士绅的特权身份、国家的支持或限制等政治因素作为切入口,即便是强调乡绅地主制推动形成乡绅支配结构的学说,也要把士绅政治身份视为最后的决定性因素。而强调政治因素决定性作用的学术倾向,往往会导致研究者在归纳士绅阶层与士绅社会特点时无法自圆其说。如乡绅土地所有论和乡绅支配论虽然在宋代近世说的启发下进行宋元与明清的对比,但他们却难以说清楚如宋代以来的乡绅群体都享有特权,为何只有到了明末清初才形成乡绅支配的社会结构等问题。吴金成论及明代中叶士绅学位层的形成时所强调者主要为科举制改革,虽然继承了松本善海关于乡绅是由"同村落支配的父老转变而来"的观点而极富洞见地明确提出士绅来自于形势户、粮长层,但由于没有深入到经济与社会结构的根本性制约作用,也就不可能回答为何一到明代就会实施这样的改革,因而仍缺乏充分的说服力。至于强调地域性的学者,则是在精英或准精英已有的经济、政治等全部资源的运用上探讨权力的生产与再生产过程,缺乏长时段的观照与对比,亦无法看出哪种资源起着基础性的作用。

对士绅阶层社会属性的研究,从根本上来说是对于中国古代后期社会发展的阶段性特点的一种探索,在某种意义上也属于马克思提出的社会形态论的范畴。社会形态论范式的基本特点,就是从经济因素对历史场景的介入来阐释社会发展进程,而不是如士绅研究的主流那样偏向于以身份特权和科举制度为核心的政治因素或资源动员策略。导引士绅研究主要走向的学者们也多将经济因素纳入其分析框架,但经济因素要么被安排在由政治支配的地位,将士绅的经济财富和构造其支配权力的地主制视为由国家政治衍生的产物,要么将政治、经济、文化各类因素及事务策略相混合而论,强调这些资源及其运用对于科举应考、社会流动和地方话语的共同支撑作用,从中看不出经济因素的基础性作用。这样看来,日本学界的批评者建议乡绅土地所有论和乡绅支配论要考虑政治以外的市场支配、商业资本、商品性大农业等经济因素是很有见地的。令人遗憾的是,这种方向性的建议在士绅研究中始终没有得到应有的重视。

(二)本书趣旨

1.放眼于宋元明清的整体性来探讨士绅阶层与士绅社会的前后联系。

明人陈邦瞻在编撰《宋史纪事本末》时指出："宇宙风气,其变之大者三:鸿荒一变而为唐虞,以至于周,七国为极;再变而为汉,以至于唐,五季为极;宋其三变,而吾未睹其极也。变未极则治不得不相为因,今国家之制,民间之俗,官司之所行,儒者之所守,有一不与宋近者乎?非慕宋而乐趋之,而势固然已。"[①]在陈邦瞻的变化论中,显然宋代到明代是一个具有同一性的社会,而且这个社会在明代还没有发展到它的极盛期。我们认为,宋元明清中国社会的整体性,突出地表现在"民"的发展变化上。即中唐以后特别是宋代崛起了一个新的"富民"阶层,这个新阶层在元明清三朝仍然得到了赓续和发展,成为这一时期阶级关系和经济关系的核心。与此同时,富民因追求政治地位而部分地向士绅转变,构成独立的特权性社会阶层。因此,明清士绅社会的形成与发展,是由宋代以来的富民社会进一步发展的结果。

　　2.立足于社会发展的阶段性规律来认识明清士绅社会的历史地位。

　　列宁在《帝国主义是资本主义的最高阶段》一文中

---

① 陈邦瞻:《宋史纪事本末》附录一,中华书局1977年版,第1191—1192页。

指出,资本主义的发展经历了两个阶段,即自由资本主义和垄断资本主义,后者亦称帝国主义。事实上,人类社会的发展在很多时期,随着生产力与生产关系的进步与演变,都呈现出阶段性的特征。在中国古代社会,我们认为,门阀社会就是豪民社会的最高阶段。同理,士绅社会是富民社会的最高阶段,同时也是最后阶段。在这一阶段,是富民的社会性质决定了士绅的社会性质,是富民社会的本质特征决定了士绅社会的本质特征,而不是相反。而富民向士绅的转变,富民社会向士绅社会的推进,其本质是财富力量对于文化知识、士绅特权、经济资源、乡村控制和价值观念的垄断与支配。

3.着重于经济因素的基础性作用来阐释明清士绅社会的本质特征。

与前述士绅研究不太突出经济因素在社会发展中的基础性作用的趋向不同,我们主要着重于集中代表生力发展水平的商品经济发展及由其所导致的社会阶层结构与经济关系的变化来确立研究基调。其中特别强调富民阶层的崛起必然会追求政治地位与社会地位,而国家容纳富民士绅化的制度设计与改革积极回应了富民的这一要求,主要表现在并不入仕为官的大量单纯科举功名获得者成为士绅阶层的重要组成部分。这也就不再仅仅局限于从科举制度上思考这一群体的出现与发展,在一定程度上遵从了日本学者关于要从商品经济与市场关系的角度观察士绅阶层的建议,体现了社会形态论从经济因素介入历史场景的基本倾向。但笔者在此并非提倡一种经济决定论的立场,亦不是完全否定前人研究重视政治性因素的意义,而是主张建立一种由经济结构与国家组织共同制约宋元乃至明清社会历史进程的分析框架。

总之,本书之研究以探讨"富民"阶层与"士绅"群体的关系为重点,主要分析士绅社会是如何形成的,其特征是什么,又是如何终结的,并在此基础上对中国传统社会的结构作一些新的解释。

第一章　士绅阶层的形成

第一节　何谓"士绅"

不少学者将明清社会称之为"士绅社会"。[1]顾名思义，"士绅社会"当缘于"士绅"这个特殊群体的兴起。何谓"士绅"？无论是史料的记载，还是现代学者所作阐释，均有极大的差别与分歧。

---

[1] 代表性的有：(美)费正清：《美国与中国》，张理京译，世界知识出版社1999年版，第32页；《费正清论中国：中国新史》，薛绚译，台湾正中书局1996年版，第104—111页；(加)卜正民：《为权力祈祷：佛教与晚明中国士绅社会的形成》，张华译，江苏人民出版社2008年版，第26—33页。

一、史籍原义

翻检史籍,自汉代至元,一直就有缙绅或搢绅、荐绅之谓,一般与朝廷官员同义。在明清文献中,除有与前代相同的"缙绅"等既定称呼之外,如乡绅、绅士或士绅等称谓也开始出现并日渐增多,且都逐渐与官府区别开来。

"缙绅"一词,明代除仍有"朝臣皆缙笏于绅间"的这一传统含义,[①]到其中后期一般多指退居故里的官员。如嘉靖年间,浙江嘉兴居有"以明经罢官归"的汤通判,"甬江少保时尚为郎"的赵主事,"第后请假归"的陈进士和"居贫不克具舆马"的钱举人等,均被时人叫做"缙绅"。[②]明末之际,亦有将"致政家居"者称之为"缙绅"的情况。[③]清代则已完全演变成"乡宦之家居者"这一特殊群体的通称。[④]基于这样的社会共识,才有当时的地

---

① (明)程允升等:《幼学故事琼林》卷1《文臣》,沈阳商务印书馆1942年校订本,第44页。

② (明)沈德符:《万历野获编》卷26《谐谑·嘉兴谑语》,中华书局1959年点校本,第668页。

③ (明)谢肇淛:《五杂组》卷15《事部三》,上海书店出版社2001年点校本,第320页。

④ (清)梁章钜:《称谓录》卷25《绅》,李延沛等整理,黑龙江人民出版社1990年版,第483页。

方官员宣示云:"一邑一乡,其间名列缙绅、家号素封者,所在皆有。"①

乡绅(与之类似者还有邑绅、乡官、乡宦等)的称呼在明代中期就已出现,②如成化初,曾任修撰之职的罗一峰退居乡里,力行乡约以整顿风俗,被称为"乡绅异法"。③明末程登吉在编写《幼学琼林》时,单列"乡宦曰乡绅"一条,④应反映了此时社会对于乡绅内涵的一般看法。到清代,乡绅不仅指退居乡里的官员,有时还包括本籍的在职官员。所以,早在康乾之际,就有地方官称:"本

① (清)徐栋:《牧令书》卷14《筹荒下·本府文(柱)劝捐示条》,《官箴书集成》第7册,黄山书社1997年版,第310页。

② 日本学者重田德曾指出:"所谓'乡绅'的称呼,包括缙绅、绅士、乡官、邑绅等各式各样的称呼……宋代起已看到。"徐茂明据之认为所谓乡绅和绅士的名称在宋代均已出现。很明显重田氏所谓乡绅或绅士,并不是指文献中有此确切称呼,而是指一类人,徐氏理解有误。目前亦无史料可佐证这一点。分见:(日)重田德:《乡绅支配的成立与结构》,《日本学者研究中国史论著选译》第二卷《专论》,中华书局1993年版,第214页;徐茂明:《明清以来乡绅、绅士与士绅诸概念辨析》,《苏州大学学报(哲学社会科学版)》2003年第1期。

③ (明)沈德符:《万历野获编·补遗》卷2《词林·乡绅异法》,中华书局1959年点校本,第840页。

④ (明)程允升等:《幼学故事琼林》卷1《文臣》,沈阳商务印书馆1942年校订本,第40—41页。

地乡绅,有任京外者,有告假在籍者,有闲废家居者。"①
或曰:"那乡绅如中堂、部院科道九卿、督抚司道有司,无
论出仕与林下,毕竟比平常人有力量,所以乡绅尤当急
急为善。"同时也有"要知官长、乡绅总一人而已,在官为
官长,在乡为乡绅",即强调为官者退居乡里才为乡绅之
说;亦有将即将出仕的候选官员视为乡绅的记载,但并不
多见。②

　　无论是缙绅,还是乡绅,有时都简称为"绅",即所
谓:"官退为绅,绅出为官,初非异致。"③"出则为官,居则
为绅。"④"须知在任之官,还乡即绅也。"⑤正因为如此,时
人还将之与"士"相对称,强调二者之间的差别。如明人
《官鉴》云:"乡绅,国之望也。家居而为善,可以感郡县,

① (清)黄六鸿:《福惠全书》卷4《莅任部·待绅士》,《官箴书集成》第
　　3册,黄山书社1997年版,第263页。
② (清)陈宏谋:《学仕遗规》卷4《官绅约》,《官箴书集成》第4册,黄山
　　书社1997年版,第545、540页;(清)石成金:《传家宝全集》卷3《乡
　　绅约》,广益书局民国二十六年(1937)排印本,第22页。
③ 《申报》同治壬申(1872)5月1日。
④ 《万国公报》卷14,第8998页。
⑤ 樊增祥:《樊山政书》卷20《批睢宁县禀》,那思陆等点校,中华书局
　　2007年版,第563页。

可以风州里,可以培后进,其为功化,比士人百倍。"①在康雍年间出现的《为政第一篇》、《福惠全书》和《钦颁州县事宜》等官箴书均设有接待"绅士"的专节,并将"绅"和"士"并列而分述之。其中较为典型的区分是,"绅为一邑之望,士为四民之首"。②这里的"士"主要指仅获较低功名身份者和没有取得任何功名身份的读书人。

在明人看来,乡绅并不包括举监、生员(秀才)和普通的士民在内。如《醒世姻缘传》载一县官亲临明水镇之时,在本地居住的"乡绅、举监、秀才、耆老都穿了吉服衣巾"迎接陪奉。③其所列举监、秀才、耆老等均被视为地方的头面人物,但其身份等级仍与乡绅有明显差别,不可同日而语。清代中央诏令亦普遍将乡绅与举贡监生员、土豪等区别开来。顺治十五年曾发布谕旨云:"乡绅、举贡之豪强者,包揽钱粮,隐混抗官。"乾隆六十年的一道上谕则言:"举贡生监及乡绅等,身列衣冠,非乡愚可比。"

---

① (明)颜茂猷:《官鉴》,《官箴书集成》第4册《从政遗规》,黄山书社1997年版,第275页。

② (清)田文镜:《州县事宜·待绅士》,《官箴书集成》第3册,黄山书社1997年版,第676页。

③ (明)西周生:《醒世姻缘传》第52回《名御史旌贤风世　悍妒妇怙恶乖伦》,黄肃秋校注,上海古籍出版社1983年版,第761页。

均将乡绅与只拥有举贡生监等较低功名者视为既具共同特征又有身份序列差异的两类群体。在地方官府为显宦名臣撰写的碑文中,所署之"乡绅"与"举贡监生员"亦都依次分列,不相混淆。①

　　与诏令等官方文书所记不同的是,在《儒林外史》等清代小说中,乡绅包括曾经为官的各类"老爷"和"举人、进士、贡生、监生"等,获得各类功名身份者当中只有"秀才"被排除在外。②《广安州新志》则载:"州之户役,大要乡宦举贡曰宦户、曰绅户,生监旧家曰衿户、曰儒户,皆免丁役。雍正初,丁摊入粮,一例完纳,所免者仅门户杂徭而已。"③这是在地方长期实行的户籍制度中,将举贡与

---

①《清世祖实录》卷117,顺治十五年五月戊申,《清实录》第3册,中华书局2008年影印本,第2403页;《清高宗实录》卷1487,乾隆六十年九月丁卯,《清实录》第27册,中华书局2008年影印本,第888页;(清)范承谟撰,(清)刘可书编:《范贞忠集》卷1《忠贞范公祠堂碑记》,《景印文渊阁四库全书》第1314册,台湾商务印书馆1986年版,第14页。

②(清)吴敬梓:《儒林外史》第47回《虞秀才重修元武阁　方盐商大闹节孝祠》,人民文学出版社1977年整理本,第546页;(清)无名氏:《五美缘全传》卷22《冯子清钱塘起解　钱文山哭别舟中》,《古本小说集成》第1辑第101册,上海古籍出版社1991年版,第354页。

③(清)周克堃等修纂:《宣统广安州新志》卷10《户口志·户役》,《中国地方志集成·四川府县志辑》第58册,巴蜀书社1992年版,第687页。

乡宦并称为宦户或绅户,而生监则排除在外,另称为衿户或儒户。此外,乡宦举贡与生监之户称虽有差异,但在居地所享受的赋役优免在摊丁入亩之前之后皆无差别。对此可以理解为由于官方给予的实质性礼遇的趋同,地方政府把举贡生监中的部分成员与退闲乡宦等而视之,实有将中央正式规定扩大化的趋势,小说所载则不过是对时人这种扩大化观念的反映。但不管在何种情况下,生员秀才始终不被视作"绅"的范畴。常建华指出:"清代文献中,还未发现乡绅包括生员的记载。"[1]这当是依诏令、方志、小说等各类文献综合而得。因此,从严格意义上来讲,缙绅、乡绅、绅等所指主要为辞官致仕居乡和现任官离职在乡等各类退居"乡宦",举贡监生员与普通士人一般并不包含在内。

也有将"绅"与"士"连用的情况。一为绅士。最早出现在明宣德七年(1432)地方官员所发布的《绅士约束子弟示》,据其"绅士等家不能齐,何以治国?合行榜示,仰坊厢各老人挨户告谕"等文,似指居城的退闲官员

---

[1] 常建华:《士大夫与地方社会的结合——清代"乡绅"一词含义的考察》,《南开史学》1989年第1期。

类士人。①《明史》多处载有绅士,基本是与明末战乱时"劝绅士输助"、"庶民统以绅士"等有关,有时明确指向"文自内阁,武自公侯伯以下"的现任"大僚"即大官员群体,有时仅包括既不属于"群下"的现任官员又非普通民众身份、且家财雄厚有地方影响力的一个群体。②清代官方文献则多将绅士与官员、平民布衣加以区分。《清史稿》载乾隆五十年设千秋宴之际,邀请王公、文武大臣,及"官员、绅士、兵卒、耆农"等与会;同治初年谕令内外官员举选人才,其中一条为"不限绅士、布衣,以躬行实践为先"等,都是这种观念的反映。③具体来说,"举监生员,及告休家居之大小官员,均谓之绅士",即从在籍"现任官",到被称为"衿士"的生员秀才,统统都可列入其中。④所以"绅士"又往往与"绅衿"同义。

① (明)况钟:《况太守集》卷13《条谕下》,吴奈夫等校点,江苏人民出版社1983年版,第139页。

②《明史》卷118《诸王传》,中华书局1974年点校本,第3609页;同书卷266《汪伟传》,第6861页。

③《清史稿》卷88《礼志七·嘉礼一·大宴仪》,中华书局1977年点校本,第2628页;同书卷109《选举四·制科》,第3181页。

④ (清)延昌:《事宜须知》卷4《公正绅士》,《官箴书集成》第9册,黄山书社1997年版,第20页;《清史稿》卷488《朱国治传》,中华书局1977年点校本,第13474页。

二为士绅。自明嘉靖万历以后渐有其名，在明代有时指在职官员，如《明神宗实录》卷332记一臣僚上奏之时，言及福建省"士绅在京甚多，可召而问也"，刘宗周《痛愤时艰疏》列举明廷"轻士大夫之心"的诸种表现，其一为"诏狱及士绅，而堂廉之等夷"等，都是将士绅等同于朝廷官员。而多数情况下指"致仕"官员。《万历野获编》将"登万历初元甲榜，屡踬仕途，官不及墨绶而罢"者，也称为"士绅"。这些"士绅"与"举贡恩监"等各类功名获得者，统称为"宦户"。① 清代士绅多强调其"地方"性。《清史稿·叶映榴传》："顺治十八年进士，选庶吉士。时方严治江南逋赋士绅，映榴在籍中，降国子监博士。"《清高宗实录》卷403载夏邑彭李二姓的"族内士绅"，"倚藉族中大员声势，抗欠钱粮，大干法纪"。这两例史料都视地

---

① 《明神宗实录》卷332，万历二十七年三月丁未，台湾"中研院"史语所1962年校印本，第6153页；《明史》卷255《刘宗周传》，中华书局1974年点校本，第6578—6579页；(明)沈德符：《万历野获编》卷25《评论·私史》，中华书局1959年点校本，第631页；同书《补遗》卷3《妇女·命妇以妒受杖》，第896—897页；(明)黄廷鹄《役法原疏(松江赋役)》，(明)陈子龙等选辑：《明经世文编》卷503，中华书局1962年版，第5537页。

方在籍官员与退闲官员为士绅。①李元度《书张振之师遗事》一文则将"进士"、"举人"、"恩贡"和"廪生"等拥有各类功名者全都称为"士绅"。②由此可知,士绅与绅士所指对象基本一致,即均指离退官员和各类功名身份的获得者,包括退闲官员、本籍现任官、进士、举贡、监生和生员等。与前述"绅"和"士"所指对象相比,其主要差别在于并不包含非功名类普通士人。

二、现代释义

不仅在史籍中关于"士绅"的记载并不完全一致,而且现代历史学者主要从乡绅、绅士和士绅等概念出发,根据文献记载并经过自身的加工,分别赋予其特定的含义。如日本学界习惯于用"乡绅",其中酒井忠夫和重田德所作的定义就很具有代表性。酒井忠夫将"社会预备官僚士人(举人、贡生、监生、生员)之外的在乡官僚及退职官僚称之为乡绅",并"最早指出他们是身兼官僚、地主、商

---

① 《清史稿》卷253《叶映榴传》,中华书局1977年点校本,第9738页;《清高宗实录》卷403,乾隆十六年十一月辛卯,《清实录》第14册,中华书局2008年影印本,第302页。
② (清)李元度:《书张振之师遗事》,(清)盛康辑:《皇朝经世文续编》卷7,清光绪二十三年(1897)刻本。

人的三位一体身份";[①]重田德则将"休、退职的官僚"和作为"官僚预备军"的"举人、生员"等享有特权的群体全部纳入乡绅的范畴,并强调这个群体之运作"与现职官僚把职权据为己有、把地域的支配随意摆布、进而确保免除纳税等义务、使权力离析而进行分权化的过程,基本上是不同的"。[②]

中西学者兼用"绅士"、"士绅"和"精英"等,其中又以"绅士"为主,所指对象亦有很大的差别。如费孝通认为:"绅士是退任的官僚或是官僚的亲亲戚戚。他们在野,可是朝廷内有人。他们没有政权,可是有势力。"[③]张仲礼主张从学衔和功名来划分绅士集团,其下层由生员、捐监生等有较低功名的人组成,而其上层则由学衔较高的以及拥有官职的绅组成。[④]马敏主要从三个方面来定

---

①（日）檀上宽:《战后日本的中国史论争·明清乡绅论》,《日本学者研究中国史论著选译》第二卷《专论》,中华书局1993年版,第457页。

②（日）重田德:《乡绅支配的成立与结构》,《日本学者研究中国史论著选译》第二卷《专论》,中华书局1993年版,第212、215页。

③费孝通:《论绅士》,载吴晗、费孝通等:《皇权与绅权》,观察社民国三十七年(1948)版,第9页。

④张仲礼:《中国绅士:关于其在19世纪中国社会中作用的研究》,李荣昌译,上海社会科学院出版社1991年版,第1—4页。

义士绅：一是功名和职衔是士绅的基本标识，除在职官员以外的生员以上功名拥有者、乡居退职官员与乡居有职衔者、捐纳监生和武举功名出身者都包括在内；二是地方性，即指绅士常是乡居的，是地方上的头面人物；三是在野性，即不像官员那样直接代表统治权力，而仅是政权统治地方的中介和工具。[①]

瞿同祖认为清朝的士绅阶级主要由官员和有功名(学衔)者，即官绅与学绅两类群体组成，其中官绅包括现职、退休、罢黜官员，及捐买官衔和官阶者，学绅包括文武进士、文武举人、贡生、监生、文武生员及其捐纳者。与学绅比较，官绅具有更高的地位、更多的特权和更大的影响力，处于权力的中心，而学绅只处于权力的边缘。[②]周荣德强调，士绅虽然称为"士大夫"，与学者官僚集团有密切关联，但仍应将二者予以区别。从其来源来看，主要有获得科举名衔、等级、学位或官品之"正统"部分，以及未经考试证实其教育水准而通过购买获得科举名衔之"非正统"部分。他们不仅是由分散的个人组成的阶级，

---

① 马敏：《官商之间：社会剧变中的近代绅商》，天津人民出版社1995年版，第22—23页。

② 瞿同祖：《清代地方政府》，范忠信等译校，法律出版社2003年版，第289—293页。

更是一个由各种关系用各种方法所联结成的群体。①

还有不少学者将士绅扩大到无任何功名的大商人与大地主。费正清指出，"在农民大众眼里，士绅还包括大地主，这是统治阶级的经济基础"，"他们构成以地产为基础的家族阶层"。②日本学者佐野学指出，绅士是由地方名家、大地主、大商人、印子钱者和有民职、功名者等组成。③德国学者艾博华在《中国历史》一书中论及绅士的构成及其社会特质时，也将绅士定义为"拥有大地产且有官职的人"，后来在修订版里又改为"拥有大地产"的家庭，他们包括旧贵族、庶民出身的官员、富商巨贾和庶民地主。④孙立平也认为："从较狭窄意义上说，绅士主要指休假或离职回家的官僚士大夫，从广义上说，它还包括那些具有较高社会地位，或是拥有较多财富而又没有

① 周荣德：《中国社会的阶层与流动——一个社区中士绅身份的研究》，学林出版社2000年版，第1—3、150页。

② （美）费正清：《美国与中国》，张理京译，世界知识出版社1999年版，第32页。

③ （日）佐野学：《清朝社会史》第2部第3辑，文求堂书店1947年版，第2—3页。

④ （德）Wolfram Eberhard. *A History of China*. Berkeley and Los Angeles：University of California Press，1950−1977.

正式官职的人。"①

三、内涵要义

明清史籍中本身就存在众多关于"士绅"的不同称呼，其所指对象也并不一致；而现代学者或遵守文献中相应名称的含义，或在文献的基础上进行增减或混用，其所持概念与文献记载并不一定能完全对应起来，这些都会导致并加重对于"士绅"概念理解的分歧。从整体来看，明清文献与中外学者关于"士绅"的定义，主要分为三个层次：一是局限于"绅"的范围，仅指退休官员和离职回乡的现任官；二是在"绅"的基础上，还包括获得生员以上各类功名、享有特权的士人；三是除"绅"和举贡监生员以外，还包括富商巨贾和庶民地主等拥有较多财富和社会地位的人员。前二者强调其身份性特征及其差异，最后一种则强调其在地方社会中的功能和作用。

笔者认为，"士绅"阶层的出现与"士绅社会"的形成，首要之点就在于士绅"身列衣冠，非乡愚可比"，②具有身

---

① 孙立平：《中国近代史上现代化努力失败原因的动态分析》，《学习与探索》1991年第3期。

② 《清高宗实录》卷1487，乾隆六十年九月丁卯，《清实录》第27册，中华书局2008年影印本，第888页。

份的特殊性,这是其发挥社会作用的基本前提。其他非身份性富有阶层,虽然也会有与之相同的社会功能,但作为整体来看,二者发挥作用所依据的途径和方式仍然是有显著差别的。所以,笔者赞同郝秉键所言:"虽然绅士可凭借其特权地位来攫取社会财富,成为大地主或大商人,但大地主、大商人倘没有取得功名,纵然家累千金、良田万顷,也只能是土豪、凡商,不能称之为绅士。"①另外,在士绅内部的绅与衿、士之间,确实也存在着明显的差别,但其"成为一个整体化的称谓概念",是这一社会集团逐渐"具有了相对稳定状态和内部聚合力的社会存在的反映"。②唐力行指出:"所谓'士绅',主要是指在野的并享有一定政治和经济特权的知识群体,它包括科举功名之士和退居乡里的官员。"③这一主张与历史事实基本相符,能反映明清时期包括乡绅、缙绅、绅士和士绅等在内的称谓所指相应群体的共同特点,是为确当之论。

---

① 郝秉键:《明清绅士的构成》,《历史教学》1996年第5期。
② 王先明:《近代绅士——一个封建阶层的历史命运》,天津人民出版社1997年版,第6页。
③ 徐茂明:《江南士绅与江南社会(1368—1911年)》"序",商务印书馆2004年版,第4页。

第二节　富民"士绅化"

明清时期士绅阶层的形成，与唐宋以来富民阶层的崛起及其追求政治地位的过程密切相关。在这一过程中，富民阶层通过持续"士绅化"的努力而不断提高和巩固自身社会地位，并改变了社会阶层结构。

一、富民阶层的崛起与持续发展

中国古代的社会阶层结构在唐宋时发生了重大变化，主要表现为富民逐渐取代门阀士族成为社会的主导阶层。据李冗《独异志》载："唐富人王元宝，玄宗问其家财多少，对曰：'臣请以一缣系陛下南山一树，南山树尽，臣缣未穷。'时人谓钱为'王'者，以有'元宝'字也。玄宗御含元殿，望南山，见一白龙横亘山上，问左右，曰不见。急召元宝，见一白物横在山顶，不辨于状。左右贵人启曰：'何臣等不见，元宝独见之也？'帝曰：'我闻至富敌至贵。朕天下之主，而元宝天下之富，故耳。'"[1] 抛开史

---

① (唐)李冗：《独异志》卷中，《丛书集成新编》第68册，台湾新文丰出版公司1985年版，第194页。

料中的神异色彩，我们可以清楚地看到：至迟到唐玄宗时期，财富力量已经崛起，并对"贵"形成挑战，以致"至富敌至贵"，其中"富"无疑代表着经济力量，尤其是货币力量；"贵"则指政治力量。换句话说，所谓"至富敌至贵"，就是以富民为代表的经济力量崛起，成为与政治力量同等重要的一股社会力量。这在古代社会，应该说是历史发展的一个重大转折，因此，"至富敌至贵"的出现具有划时代的历史意义。

唐中叶以后，随着土地产权制度的变革和商品经济的发展，这个群体进一步壮大。当时人记载："富者有连阡之田，贫者无立锥之地。"[1]正是在这种贫富分化的过程中，富民阶层开始产生。郑学檬在论及唐五代太湖地区经济发展的新趋势时，指出一个新的趋向就是当地富户增多。[2]事实上，这不单是一个富户增多的问题，而是一个"富民"阶层已经开始崛起的问题。包弼德在《斯文：唐宋思想的转型》一书中分析唐宋社会的转型变化时，指

---

[1]《旧唐书》卷19（上）《懿宗纪》，中华书局1975年点校本，第681页；（唐）阙名：《议免摊配逃亡户口赋税差科奏》，《全唐文》卷968，中华书局1983年影印本，第10056页。

[2]郑学檬：《唐五代太湖地区经济试探》，《学术月刊》1983年第2期。

出一个重要的变化就是出现了一个"地方精英"集团。^①其实，这个"地方精英"集团主要就是当时的"富民"阶层。^②这些富民成为宋以后乡村经济关系和阶级关系的核心，并依靠强大的经济实力成为社会经济发展的重要推动力量。据《续资治通鉴长编》卷101记载："初，蜀民以铁钱重，私为券，谓之交子，以便贸易，富民十六户主之。"这十六户富民，竟然能够适应市场交换的需要，发行一种新的货币，这既体现出其富有程度，也可以看出富民在唐宋社会经济发展中产生的巨大影响。

作为一个阶层，这些富民有着显著的历史特征。据《北梦琐言》卷3《不肖子三变》记载，当时人认为不肖子弟败家的主要途径是："第一变为蝗虫，谓鬻庄而食也；第二变为蠹鱼，谓鬻书而食也；第三变为大虫，谓卖奴婢而食也。三食之辈，何代无之？"这里，虽然说"三食之辈，何代无之"，但它却为唐宋人所总结，真实地反映了唐宋社会富民家庭衰败的三部曲，也道出了富民家庭的根基与特征。作为富民家庭，维持其家业不败，一是靠财富，

<hr>

① （美）包弼德：《斯文：唐宋思想的转型》，刘宁译，江苏人民出版社2000年版，第4—5页。

② （宋）苏辙：《苏辙集·栾城三集》卷8《诗病五事》，陈宏天等点校，中华书局1990年版，第1230页。

二是靠文化教育。由于富民阶层是伴随着商品经济的发展与社会流动的加剧而出现的，因此作为个体来说，这一阶层可能并不稳定。宋人方回说："后世田得买卖，富者数万石之租，小者万石、五千石，大者十万石、二十万石，是为富民。骤盛忽衰，亦不可常。"①《宋会要》中也记载："富民大家，保数世而不失者，抑几何人？"②但作为一个整体来说，富民阶层已经成为一个稳定的群体，成为宋以后阶级关系和经济关系的核心，正如宋人苏辙说："州县之间，随其大小，皆有富民。"③

元王朝是蒙古族入主中原建立的政权，一般认为，这个政权以马上得天下，对中原地区的经济发展和经济关系冲击与破坏甚大。其实，就"富民"阶层来讲，由于这个阶层的兴起主要是经济关系发展变化的结果，主要是靠财富和文化教育立于社会，故蒙古的入侵虽然震荡很大，但这种上层政权的更替并没有从根本上对"富民"阶层造成大的冲击。相反，由于蒙古统治治法疏阔，富民阶

---

① (宋)方回：《续古今考》卷18《附论班固计井田百亩岁入岁出》，《景印文渊阁四库全书》第853册，台湾商务印书馆1986年版，第368页。
②《宋会要辑稿》职官79之28，中华书局1957年影印本，第4223页。
③ (宋)苏辙：《苏辙集·栾城三集》卷8《诗病五事》，陈宏天等点校，中华书局1990年版，第1230页。

层继续承袭唐宋以来的发展之势,得以赓续和壮大。特别是在江南地区,明人于慎行说:"元平江南,政令疏阔,赋税宽简,其民止输地税,他无征发,以故富家大族役使小民,动至千百,至今佃户、苍头有至千百者,其来非一朝夕也。"①清人吴履震也说,元代"法网疏阔,征税极微。吾松僻处海上,颇称乐土。富民以豪奢相尚,云肩通裹之衣,足穿嵌金皂靴,而宫室用度,往往逾制。一家雄踞一乡,小民慑服,称为'野皇帝'"。②这些记载至少说明:一方面,元朝对"富民"阶层的控制能力并不高;另一方面,"富民"阶层也正是利用了这一点,从而迅速在乡村社会中取得更大的支配权和主导权。因此,进入元代,富民阶层不仅没有受到削弱,相反却日益壮大,其财力和影响远远超过两宋时期,特别是在经济发达的江南地区,情况更是如此。松江富民曹梦炎,占湖为田,数至几万亩,"积粟百万,豪横甲一方,郡邑官又为之驱使,……北人目之

---

① (明)于慎行:《谷山笔麈》卷12《赋币》,吕景琳点校,中华书局1984年版,第139页。

② (清)吴履震:《五茸志逸随笔》卷7,《四库未收书辑刊》第10辑第12册,北京出版社2000年版,第202页。

曰'富蛮子'"。[①] 瞿霆发,"延祐间,以松江府拨属嘉兴路,括田定役,榜示其家出等上户,有当役民田二千七百顷,并佃官田,共及万顷,浙西有田之家,无出其右者,此可谓'多田翁'矣"。[②] 这些富民在社会上拥有极大的势力,"江南三省所辖之地,民多豪富兼并之家,第宅居室、衣服器用,僭越过分,逞其私欲,靡所不至"。[③] 甚至比地方官员拥有更大的影响力,"富家私田跨县邑,赀无算,援结大官贵人如平交,气势出守令上远甚"。[④] 以往认为蒙古族入侵,打断了中原经济发展的势头。但从"富民"阶层的发展看,非但没有,反而更加壮大。最典型的莫如巴塘黄氏,元人吴澄所撰的《巴塘黄氏族谱序》中记载:"乐安一县四乡之富家大姓非一。予幼年稔闻众口夸谈宗支之蕃衍、文物之光华、声誉之烜赫者,巴塘之黄为盛。"[⑤] 据

---

① (明)长谷真逸:《农田余话》卷上,《四库全书存目丛书·子部》第239册,齐鲁书社1995年版,第326页。

② (元)杨瑀:《山居新话》卷4,《景印文渊阁四库全书》第1040册,台湾商务印书馆1986年版,第373页。

③《元典章》卷57《刑部十九·禁富户子孙跟随官员》,中国书店1990年影印本,第814页。

④ (元)虞集:《道园学古录》卷15《户部尚书马公墓碑》,中华书局民国二十五年(1936)校刊本,第117页。

⑤ (元)吴澄:《吴文正集》卷32《巴塘黄氏族谱序》,《景印文渊阁四库全书》第1197册,台湾商务印书馆1986年版,第345页。

记载,这个巴塘黄氏,从北宋历南宋,一直到元代,都是当地有影响的富民,足证"富民"阶层在宋元之际的鼎革中并未受到大的冲击。认真梳理元、明史料我们可以发现,明代初年影响较大的富民大姓,大多是发迹于宋,壮大于元,延续于明。因此,明初富民势力非凡,实与元代的发展有关。

明代,在经济社会进一步发展的基础上,富民阶层力量更加壮大。明初,虽经战乱,但富民特别是江南富民仍具有相当强的经济实力和社会影响力。洪武三年,户部官员向朱元璋报告:"以田税之多寡较之,惟浙西多富民巨室。以苏州一府计之,民岁输粮一百石已上至四百石者,四百九十户;五百石至千石者,五十六户;千石至二千石者,六户;二千石至三千八百石者,二户。计五百五十四户,岁输粮十五万一百八十四石。"[1]最引人注目者,如沈万三,"长洲人,富甲江南,名闻天下,田宅跨于各邑"[2]。无锡华氏,"世居东亭,田跨三州,每岁收租

---

①《明太祖实录》卷49,洪武三年二月庚午,台湾"中研院"史语所1962年校印本,第965—966页。
②(明)莫旦:《弘治吴江志》卷7《居第》,台湾学生书局1987年影印本,第259页。

四十八万"。^①仁和华兴祖,"金蓄千万,田地不计,大池三百六十处,期以一日生息供一日饮馔"。^②随着明初休养生息政策的推行和经济的恢复,富民进一步成长壮大起来,并有力地推动着经济社会的发展。与宋元相比,明代富民阶层虽然分布更为广泛,财力更为雄厚,但其阶层特征仍沿而未改,继续以财富和文化教育雄踞于社会。明人杨士奇曾说:"吾宗自吉水徙西昌盖四百年,世以赀甲闾右,然所恃者诗书行义相传袭,未尝恃赀也。"^③凤湖汪氏,"有以计然致富者,有以盐筴起家者,连檐比屋,皆称素封",但"世以诗礼承家,文人高士,抱节明经,代不乏人"。^④这说明,作为一个社会阶层,富民阶层的历史特征是极为稳定的。

---

① (清)钱泳:《登楼杂记》,载谢国桢选编,牛建强等校勘:《明代社会经济史料选编(校勘本)》下册,福建人民出版社2004年版,第401页。

② (明)沈朝宣:《嘉靖仁和县志》卷13《纪事》,《四库全书存目丛书·史部》第194册,齐鲁书社1996年版,第210页。

③ (明)杨士奇:《东里续集》卷5《乐志堂记》,《景印文渊阁四库全书》第1238册,台湾商务印书馆1986年版,第433页。

④ (明)曹叔明:《新安休宁名族志》卷1,载谢国桢选编,牛建强等校勘:《明代社会经济史料选编(校勘本)》下册,福建人民出版社2004年版,第30页。

不惟如此,明代富民阶层在社会经济中继续发挥了重要的作用。自明中期以后,随着江南地区的经济发展,众多的富家大户更是积聚了大量的社会财富,"正嘉以降,江南富室尤多,积银常至数十万两者",①以至"今宗藩之最巨者,不过以财自娱,如江南一富室而已"。②正因为如此,时人王世贞曾指出:"盖东南者,国根本也。富民者,东南所恃以雄者也。"③特别是随着商品经济的迅速发展,从事手工业、商业的富户前所未有地发展起来。这一变化,一方面引起了富民阶层内部结构的变化,另一方面扩大了富民阶层的社会影响。上世纪五六十年代,傅衣凌先生曾撰有《明代江南市民经济试探》一书,指出明代江南出现了大批的市民。但从富民阶层发展的角度来看,这些所谓的"市民",还并不具备市民阶层的特征。傅先生所引述到的"市民",基本上都是我们所说的富民。

---

① 《古今图书集成·食货典》卷358《钱钞部·钱谷论上》,中华书局1985年影印本。
② (明)王世贞:《弇州四部稿》卷106《应诏陈言疏》,《景印文渊阁四库全书》第1280册,台湾商务印书馆1986年版,第675页。
③ (明)王世贞:《弇州四部稿》卷75《延祥上区华氏役田记》,《景印文渊阁四库全书》第1280册,台湾商务印书馆1986年版,第273页。

清代,富民阶层仍是社会上最具有影响的阶层。清代前期,不惟在农民分化过程中出现了较多的富裕农民和庶民地主,[1] 而且"富豪之家,田连阡陌"[2] 的情况也非常普遍。乾隆时期的昭梿在其《啸亭续录》中记有《本朝富民之多》一则,其中有云:"本朝轻薄徭税,休养生息百有余年,故海内殷富,素封之家,比户相望,实有胜于前代。"其中值得称道的富民,如京师祝氏"自明代起家,富逾王侯",怀柔郝氏"膏腴万顷,喜施济贫乏,人呼为'郝善人'"。[3] 由于富民阶层拥有的巨大财富实力,"里党咸称为素封之家",[4] 如"山西富户,百十万家赀者,不一而足",[5] 淮扬盐商更是"资本之充实者,以千万计,其次亦以数百万计",[6] 徽州"其拥雄赀者,高轩结驷,俨然缙

---

① 李文治:《明清时代封建土地关系的松解》,中国社会科学出版社1993年版,第513页。

②《清朝文献通考》卷22《职役考二》,商务印书馆民国二十五年(1936)影印本,第5051页。

③(清)昭梿:《啸亭续录》卷2《本朝富民之多》,何英芳点校,中华书局1980年版,第434页。

④(清)胡英:《毗陵胡氏宗谱》卷3,光绪二年(1876)乐善堂刊本。

⑤《清高宗实录》卷1251,乾隆五十一年六月庚寅,《清实录》第24册,中华书局2008年影印本,第889页。

⑥(清)李澄:《淮醝备要》卷7,道光三年(1823)刻本。

绅"。^①这些记载都远超过明代。这些富人大多奉行"以末致富,以本守之"的治家法则,成为土地的主要占有者。据乾隆十三年湖南巡抚杨锡绂奏报:"近日田之归于富户者大约十之五六。"^②在广西,"田大半归富户,而民大半皆耕丁"。^③也就是说在湖南、广西,土地大约有一半以上都是富民所有。据罗仑、景甦两位先生的研究,清代前期以来形成的山东经营地主主要都是属于庶民地主的富民阶层。^④由此可见,清代前期以后,富民阶层已经成为了乡村地主阶层的主体部分。

二、富民追求政治社会地位及其士绅化

任何一个社会阶层一旦崛起,在他们拥有社会财富之后,必然追求政治地位和社会地位。富民阶层也不例外。

---

① 许承尧:《歙事闲谭》卷18《歙风俗礼教考》,李明回等校点,黄山书社2001年版,第603页。
② (清)杨锡绂:《陈明米贵之由疏》,(清)魏源:《皇朝经世文编》卷39,《魏源全集》第15册,岳麓书社2004年版,第228页。
③ 上海书店出版社编:《清代文字狱档(增订本)》第5辑《吴英拦舆献策案》,上海书店出版社2011年版,第313页。
④ 罗仑、景甦:《清代山东经营地主经济研究》,齐鲁书社1985年版,第64—129页。

早在唐宋时期，富民阶层即凭借其强大的财富力量和良好的文化教育，追求政治地位和社会地位。而唐宋以来的国家政治以专制官僚体制为特征，官僚享有崇高的社会地位，时人称之为"官人世界"，[①]"崇尚官爵"成为普遍的社会心理，[②]而"国家用人之法，非进士及第者不得美官"，[③]"朝廷用人，别无他路，止有科举"。[④]因此，富民阶层追求政治地位和社会地位，无外乎以下两种主要途径和方式：一是科举入仕，一是加强与官僚交往甚至联姻。就科举入仕而言，随着富民阶层的崛起，其通过科举获取政治权力的努力就从未停息。唐代明确规定："工商杂类，不得预于士伍"，[⑤]"工商之子不当仕"。[⑥]试图对工商业富民入仕获取政治权力的努力给予压制。但这一规定的出现，本身已经说明这一情况的日益普遍。唐代由

---

① (宋)洪迈：《夷坚志·支庚》卷5《辰州监押》，何卓点校，中华书局2006年版，第1177页。

② (宋)洪迈：《夷坚志·支丁》卷7《金郎中》，何卓点校，中华书局2006年版，第1021页。

③ (宋)司马光：《司马光奏议》卷15《贡院乞逐路取人状（治平元年上）》，王根林点校，山西人民出版社1986年版，第162页。

④ (宋)张端义：《贵耳集》卷下，《丛书集成新编》第84册，台湾新文丰出版公司1985年版，第585页。

⑤ 《旧唐书》卷48《食货志上》，中华书局1975年点校本，第2089页。

⑥ 《旧唐书》卷158《韦贯之传》，中华书局1975年点校本，第4173页。

商而进入仕途者不绝如缕,《太平广记》中就记载了一盐商之子常修参加科举登科的情况:"有醝贾常某者,囊畜千金,三峡人也,亦家于江陵,深结托(关)图,图亦以长者待之。数载,常公殂,有一子,状貌颇有儒雅之风纪,而略晓文墨,图竟以其妹妻之,则常修也。关氏乃与修读书,习二十余年,才学优博,越绝流辈,咸通六年登科。"① 到了宋代,富民读书应举的情况更加普遍:"中上之户,稍有衣食,即读书应举,或入学校。"② 即使富翁"家饶于财",若"名不挂仕版",仍常常为此而感到遗憾。③ 宋真宗甚至亲自作劝学文,劝诱富民读书向学:"富家不用买良田,书中自有千钟粟;安居不用架高堂,书中自有黄金屋;娶妻莫恨无良媒,书中自有颜如玉;出门莫恨无人随,书中车马多如簇;男儿欲遂平生志,五经勤向窗前读。"④

就与官僚交往联姻来说,唐代,"长安富民王元宝、杨崇义、郭万金等,国中巨豪也,各以延纳四方多士,竞于

---

①《太平广记》卷271《关图妹》,中华书局1961年点校本,第2134页。
②(宋)张守:《毗陵集》卷3《论措置民兵利害札子》,《丛书集成新编》第63册,台湾新文丰出版公司1985年版,第338页。
③(宋)洪迈:《夷坚志·补》卷7《赵富翁》,何卓点校,中华书局2006年版,第1614页。
④(宋)黄坚选编:《详说古文真宝大全·前集》卷1《真宗皇帝:劝学文》,熊礼汇点校,湖南人民出版社2007年版,第14页。

供送。在朝名寮往往出于门下。每科场文士集于数家，时人目之为'豪友'"。①宋代每年科举放榜时，富民都争相与登第的士子联姻，谓之"榜下捉婿"。如宋太宗时，进士白積"榜下新婚京国富室"。②有的富人甚至直接通过与皇室联姻来获取政治权力，据史料记载："帝女号公主，婿为驸马都尉，近亲号郡主、县主，而婿俗呼郡马、县马，甚无义理。近世宗女既多，宗正立官媒数十人掌议婚，初不限阀阅。富家多赂宗室求婚，苟求一官，以庇门户，后相引为亲。京师富人如大桶张家，至有三十余县主。"③这是富民作为一个阶层，群体参政意识增强并要求政治权力的突出表现。

在富民追求政治地位和社会地位的过程中，一些开明的政治家和社会人士纷纷为富民呼吁。宋代陈亮在为东阳"家资巨万"的富民郭德麟所写的哀词中曾不无感慨地说道："国家以科举造士，束天下豪杰于规矩尺度之

---

① (五代)王仁裕:《开元天宝遗事》卷上《豪友》，曾贻芬点校，中华书局2006年版，第17页。

② (宋)文莹:《湘山野录》卷下《丁晋公释褐授饶倅》，郑世刚等点校，中华书局1984年版，第45页。

③ (宋)朱彧:《萍洲可谈》卷1，李伟国整理，《全宋笔记》第2编第6册，大象出版社2006年版，第133页。

中，幸能把笔为文，则可屈折以求自达。至若乡间之豪，虽智过万夫，曾不得自齿于程文熟烂之士，及其以智自营，则又为乡间所仇疾，而每每有身挂宪纲之忧，向之所谓士者，常足以扼其喉而制其死命，卒使造化之功有废置不用之处。此亦为国之一阙。"[1]这里所说的"乡豪"，就是像郭德麟那样的富民。陈亮认为，这些富民不能通过科举入仕为官，是未能人尽其材，物尽其用，乃国家一大缺憾和损失。为什么会如此？当时虽然科举制已成为主要的选官形式，但由于恩荫、捐纳的盛行，科举名额有限，能通过科举进入仕途的人毕竟不多。所以，尽管富民拥有财富和良好的文化教育，但能依靠科举成为官宦之家的是极少数。陈亮的感慨正是就此而发。而叶适则是另外一位为富民呼吁的思想家。他在讲到传统制度的问题时说："四民古今未有不以世。至于烝进髦士，则古人盖曰无类，虽工商不敢绝也。"[2]胡寄窗先生在《中国经济思想史》中指出："在十三世纪提出这样的政治要求固然是为

---

① (宋)陈亮:《陈亮集》(增订本)卷34《东阳郭德麟哀辞》，邓广铭点校，中华书局1987年版，第457页。

② (宋)叶适:《习学记言序目》卷12《国语·齐语》，中华书局1977年点校本，第167页。

时过早,超越了时代所许可的范围。"①其实,这不是超越时代的呼声,而恰恰是富民阶层壮大后的一种必然要求和反映。

明清时期,随着富民阶层的发展壮大,富民对政治地位和社会地位的追求更为迫切。明代黄秉石就指出江南科举之风兴盛是出于社会的必然选择:"吴地苦读书,皆骑虎之势也。不读书登第,不足以保妻子。"②即使是仕宦之家亦然,"缙绅家非奕叶科第,富贵难于长守"。③明人指出,几十亩之家,如果不出一诸生,"则里役立碎"。④而一旦跻身绅衿阶层,则"身无赋、产无徭、田无粮、物无税,且庇护奸民之赋徭、粮税,其入之正未艾也"。⑤明人小说《醒世姻缘传》中薛教授劝他亲家狄员外给儿子捐监,说:"如今差徭烦,赋役重,马头库吏,大户收头,粘着

①胡寄窗:《中国经济思想史》,上海人民出版社1981年版,第184页。
②(明)黄秉石:《海忠介公传》"抚吴第四章",陈义钟编校:《海瑞集》附录一,中华书局1962年版,第567页。
③(明)王士性:《广志绎》卷4《江南诸省》,吕景琳点校,中华书局1981年版,第70页。
④(明)温璜:《温宝忠先生遗稿》卷5《士民说》,《四库禁毁书丛刊·集部》第83册,北京出版社2000年版,第401页。
⑤(清)计六奇:《明季北略》卷12《陈启新疏三大病根》,魏得良等点校,中华书局1984年版,第194页。

些儿,立见倾家荡产",因此"必得一个好秀才支持门户"才行。①此书虽是小说,但反映的确是明清时期的社会现实。这说明科举制度下人们为保持自己的财富地位只能通过科举考试,博取功名。

明末清初的顾炎武说,一旦布衣成为生员,"则免于编氓之役,不受侵于里胥;齿于衣冠,得于礼见官长,而无笞、捶之辱。故今之愿为生员者,非必其慕功名也,保身家而已"。②清朝末年,天下大开捐纳之门,"朝廷之上几有市道焉。内官自郎中始,外官自道员始,以次递下,一切皆有价值。而更复减价折值以广招徕。从此守财之虏、纨绔之子,只须操数百金、数千金、数万金以输之部,立可致荣显,朝犹等于负贩,夕已列于搢绅矣。其用资尤多者,即可领凭赴任。其指省分发需次省垣者,亦复随行逐队,听鼓应官,公然以为民上自居矣"。这些响应捐纳而位列士绅者,无不是"称饶富、号素封"的富民阶层。他们"以钱买官,亦复同于垄断",其主要目的也无非是"作官得财",得"无求于人"之地位而已,"与世之席丰履厚者最

---

① (明)西周生:《醒世姻缘传》第50回《狄贡士换钱遇旧 臧主簿瞎话欺人》,黄肃秋校注,上海古籍出版社1983年版,第725页。

② (清)顾炎武:《顾亭林诗文集·亭林文集》卷1《生员论上》,华忱之点校,中华书局1959年版,第21页。

喜于邀爵秩以为荣"的心理如出一辙。①

　　唐宋以来的富民在各种现实利益的驱动下,力求通过读书而进入士人与官僚行列,而从其实际效果来看,先后出现了"士多出于商"、"士商渗透",②即先是官僚士大夫多来自富民,后来发展为富民与士大夫相互渗透的局面。富民阶层在千方百计跻身于士大夫之列,并由此构成国家统治与管理架构主干的同时,也就造成了其自身"士绅化"的趋向。所谓"士绅化",就是一部分富民逐渐获得了政治特权,或与政治权力紧密结合在一起。清人沈垚曾言:"古者,四民分;后世,四民不分。古者,士之子恒为士;后世,商之子方能为士。此宋、元、明以来变迁之大较也。"③可见富民通过发展文化教育获取政治权力

---

① (清)郑观应:《盛世危言》之《捐纳》及附录王子潜广文《停捐纳论》,夏东元编:《郑观应集》上册,上海人民出版社1982年版,第561—564页。

② 张邦炜:《两宋时期的社会流动》,《四川师范大学学报(社会科学版)》1989年第2期,后收入氏著:《宋代婚姻家族史论》,人民出版社2003年版;张海英:《明中叶以后"士商渗透"的制度环境——以政府的政策变化为视角》,《中国经济史研究》2005年第4期;张仲礼:《中国绅士:关于其在19世纪中国社会中作用的研究》,李荣昌译,上海社会科学院出版社1991年版,第202—206页。

③ (清)沈垚:《落帆楼文集》卷24《费席山先生七十双寿序》,《续修四库全书》第1525册,上海古籍出版社2001年版,第664页。

成为宋以后社会的共同特征。日本学者小山正明说："明末的乡绅阶层是继宋至明中期的统治阶层形势户、粮长层之后兴起的新统治阶层，其背景在于科举制度的社会机能发生了变化，即明以后举人、监生、生员成了终身资格，与官僚同样享有免除徭役特权（优免特权），构成了一个社会阶层。"[①]他注意到乡绅来自于形势户、粮长层，这是非常可贵的。而结合我们前文的分析，士绅与富民同样属于"民"的范畴。所谓的"士绅阶层"从本质上来说仍是我们所说的富民阶层的发展和延伸。

三、士绅成长为独立的优势社会层

自唐宋以来，中国传统社会结构中的士绅群体不断发展壮大。据统计，宋代官户约占总户数的 1‰—2‰，有些时期为 3‰，[②] 这大概也是当时享受特权者所能占到的最高比例。在这些享受特权的人员当中，一部分为离乡的现任官员，一部分为居乡的退休官员，但前者大多

---

① （日）檀上宽：《战后日本的中国史论争·明清乡绅论》，《日本学者研究中国史论著选译》第二卷《专论》，中华书局1993年版，第457页。

② 王曾瑜：《宋朝阶级结构》，河北教育出版社1996年版，第256页；梁庚尧：《南宋的农村经济》，新星出版社2006年版，第31—33页。

最终都要向后者转化,可以说二者都是乡间士绅的重要来源。明清两代的在职官员所占人口比例约为0.43‰—0.06‰,[①]与宋代相比,已大为降低,但享有特权的士绅群体却呈逐渐扩大的趋势。以生员为例,明初只有3万—6万,明中叶31万,明末60万,清太平天国前约达74万,其在总人口中所占比例,明初约为0.1%,明中叶为0.33%,至清后期为0.18%,其绝对数呈逐渐增长的趋势,而相对数有所波动,但清朝比明初还是有所增长。[②]这在士绅的整体数量上亦有所体现。明末郭明龙条陈《雍政》疏云:"今天下府州县学,其大者,生徒至一二千人,而小者至七八百人,至若二三百人而下,则下县穷乡矣。"则中

①明朝官民比为1∶2299;清道光末京外文武官员为26355人,全国人口为412986649人,以上比例均据此而得。参考许苏民:《明王朝覆灭的历史教训:晚明中国社会主要矛盾探析》,《天津社会科学》1997年第6期;(清)钟琦:《皇朝琐屑录》卷4,《中国野史集成续编》第27册,巴蜀书社2000年版,第360页;《清宣宗实录》卷476,道光二十九年,《清实录》第39册,中华书局2008年影印本,第984页。

②(韩)吴金成:《明、清时代绅士层研究的诸问题》,东洋史学会编:《中国史研究的成果与展望》,中国社会科学出版社1991年版;(新加坡)陈宝良:《明代生员新论》,《史学集刊》2001年第3期;张仲礼:《中国绅士:关于其在19世纪中国社会中作用的研究》,李荣昌译,上海社会科学院出版社1991年版,第110—112页。

县生员之数为四五百人，若连同大约20%比例的乡宦与举贡监生，则此时平均每县士绅之数至少五六百人，所以"一时缙绅夸以为多"。[1]而据张仲礼的估算，太平天国之前，全国士绅的总人数不超过100万，在云南、贵州、广西、山西等少数省份，士绅的人口占比为2.4%—3.5%，其余省份则为0.7%—1.8%。太平天国之后，全国士绅的总人数不超过150万，在浙江、广西、甘肃、直隶等士绅数量较多的省份，占比为4.1%—5%，其余省份一般为2%左右，较少者为0.6%—1.1%。[2]

随着士绅数量的增多，他们也逐渐成长为一个独立的社会阶层。至明初之时，乡村中占主导地位的社会优势阶层仍以非身份性的富民为主，统治者主要利用他们来治理乡村。此时的乡村虽然也有一些士绅存在，但由于他们人数还比较少，朝廷法令又对他们的活动限制极严，因此他们尚且融合在里甲制秩序之中，而未形成一个

---

[1]（明）朱国祯：《涌幢小品》卷11《雍政》，中华书局1959年点校本，第230页。乡宦举人等在士绅中的比例，参考陈铿：《从〈醒世姻缘传〉看明清之际的地方士绅》，《厦门大学学报（哲学社会科学版）》1984年第4期。

[2]张仲礼：《中国绅士：关于其在19世纪中国社会中作用的研究》，李荣昌译，上海社会科学院出版社1991年版，第124页。

独立的社会阶层。而自 15 世纪中叶以后,乡村社会在商品经济和土地兼并的混合作用下急剧分化,里甲制秩序趋于解体。而在此时,监生以至举人的入仕途径日趋狭窄,大量持有功名的人沉滞于乡村社会,逐步固定成为一个独立的社会阶层。[①] 成为独立社会阶层的士绅由于享有政治、经济特权,再加上仕途有限,更加积极地投身地方事务,构成乡村社区中"最为活跃的因素",[②] 因此成为明清乡村社会变迁的领导力量。

　　明清时期的政府在乡村并没有设置正式的行政机构,乡里社会却获得了持续的稳定繁荣,这与士绅总领乡村教化、征税、治安、断案、农事、救灾、水利工程各项事务是分不开的。不仅如此,他们还在普通民众与官府之间充当起中间人的角色。所以时人汪辉祖才说:"官与民疏,士与民近,民之信官,不若信士。朝廷之法纪不能尽喻于民,而士易解析,谕之于士,使转谕于民,则道易明,

---

① (韩)吴金成:《明、清时代绅士层研究的诸问题》,东洋史学会编:《中国史研究的成果与展望》,中国社会科学出版社 1991 年版;高寿仙:《晚明的地方精英与乡村控制》,万明主编:《晚明社会变迁:问题与研究》,商务印书馆 2005 年版,第 259 页。

② (美)Kung-chuan Hsiao. *Rural China: Imperial Control in the Nineteenth Century.* Seattle: University of Washington Press, 1960, p.316.

而教易行。境有良士,所以辅官宣化也。且各乡树艺异宜,旱潦异势,淳漓异习,某乡有无地匪,某乡有无盗贼,吏役之言,不足为据。博采周谘,唯士是赖。"①这与南宋叶适论述富民是"上下之所赖"如出一辙。②

　　总之,士绅虽然没有富民人数多,但由于他们拥有政治特权,逐渐代替富民在国家治理与社会发展中发挥着中间层、稳定层和动力层的作用。他们往往被很多学者视为"地方精英"。正是基于此,不少学者将明清社会称之为"士绅社会"。但这里要特别强调的是,士绅来自于富民,只是富民中的一部分,是富民决定着士绅阶层的特征和作用而不是相反。因此,从这个意义上说,不论我们如何定义明清社会,"士绅社会"本质上还是唐宋以来一直处于发展之中的"富民社会"的继续。

---

① (清)汪辉祖:《学治臆说》卷上《礼士》,《官箴书集成》第3册,黄山书社1997年版,第274页。

② (宋)叶适:《叶适集·水心别集》卷2《民事下》,刘公纯等点校,中华书局1961年版,第657页。

第二章 "士绅社会"的本质特征

第一节 财富占有者
向知识与绅权垄断者的转变

富民追求"士绅化",其实质就是追求知识、获取绅权的过程,这实际也是唐宋以后社会流动的主要途径与阶梯结构。从社会运行的实际形态来看,绅权的取得一般以知识的获得为基本前提,而知识的获得又往往以财富的占有为先决条件。这就决定了富民及其士绅化的群体具有追求知识、获得绅权的天然优势。到明清时期,这种天然优势转化为垄断趋势,士商合流等几种典型现象的出现,较为集中地反映了这一趋势。

一、社会流动结构与财富占有者对知识与绅权垄断的必然趋势

在唐宋阶段,就社会阶层向上流动而言,黄宽重先生《宋代的家族与社会》对四明和江西家族群的个案研究表明,家族的兴起大致都经过先发家致富,再教子读书,后登第入仕的道路。[①] 就社会阶层向下流动来说,唐后期之人则言:"不肖子弟有三变,第一变为蝗虫,谓鬻庄而食也;第二变为蠹鱼,谓鬻书而食也;第三变为大虫,谓卖奴婢而食也。"[②] 也就是说,先放弃富者身份(鬻庄而食),再放弃官僚士人身份(鬻书而食),最后倾其家中所有(卖奴婢而食)。这两种相反的社会流动情形,都说明对当时的各社会阶层而言,无论是向上进入作为社会最上层的官僚集团,还是向下沉入作为社会最底层的贫民群体,能否先发家致富成为关键之第一步,后续能否通过读书持家获取知识即保持士人的身份则成为关键之第二步。所

---

① 黄宽重:《宋代的家族与社会》,台湾东大图书股份有限公司2006年版,第251—256页。另参考张邦炜:《黄宽重〈宋代的家族与社会〉读后》,《历史研究》2007年第2期。

② (五代)孙光宪:《北梦琐言》卷3《不肖子三变》,贾二强点校,中华书局2002年版,第60页。

以"读书应举，或入学校"的子弟，往往至少是"稍有衣食"的"中上之户"。①

到明清时代，这一"先富后学"的社会流动结构可谓更为典型。此时，不但仍有"赤贫赁耕，往往驯致富饶，或挈家返本贯，或即本庄轮奂其居，役财自雄，比比而是"，②即底层民众广泛追求财富成功的现象，而且对于大多数的社会精英而言，贫而求富只是其中第一步，富而求学，即通过获取知识成为享受特权的士绅与官僚，就成为他们的最高目标。有学者对两湖地区若干家族的研究发现，比较成功的家族往往先以开垦土地、种植农业为立家之本，而后通过多种经营与经商为财富积累之源，最后以读书考取功名为晋升士绅阶层之途，而这一历程最快也得四五代方能完成。倘若单纯依靠农业生产积累财富，其过程会更长。③这种早期经营农商致富，中期读书

① (宋)张守：《毗陵集》卷3《论措置民兵利害札子》，《丛书集成新编》第63册，台湾新文丰出版公司1985年版，第338页。

② (清)林时益辑：《宁都三魏全集·魏季子文集》卷8《与李邑侯书》，《四库禁毁书丛刊·集部》第6册，北京出版社2000年版，第53页。

③ 鲁西奇等：《内地的边缘——明清时期湖北省郧西县地域社会史的初步考察》，陈锋主编：《明清以来长江流域社会发展史论》，武汉大学出版社2006年版；杨国安：《明清两湖地区基层组织与乡村社会研究》，武汉大学出版社2006年版，第294页。

应试，后期获取士绅功名的社会流动"三部曲"，实际上成为了当时社会中下层努力向上爬升而不得不遵循的普遍路径。究其原因，在于"经济条件"在科举应考中具有"决定性作用"，由科举所主导的士绅制度对于"富人进入绅士阶层有一种特殊的便利"，而"大部分贫穷人家需要儿子下田务农，无力供养他们长年读书"，应试也"更为困难"。①

此外，从下层士绅上升为上层绅士，到最后进入官僚集团，还要经过残酷的竞争与淘汰。"无论他们是否图谋晋升或仅仅是保留原位，绅士都必须将很大部分时间耗费于读书应考"，②出身于富民的士绅无疑更能为这种"耗费"提供物质保障。还有学者指出，乡绅凭藉权势地位攫取财富，而身份一经丧失，特权就会消逝，家产也随之败落，财富随之散失。③也就是说，富民保有士绅身份，

---

① 张杰：《清代科举家族》"戴逸先生序"，社会科学文献出版社2003年版，第3页；张仲礼：《中国绅士：关于其在19世纪中国社会中作用的研究》，李荣昌译，上海社会科学院出版社1991年版，第202—204页。

② 张仲礼：《中国绅士：关于其在19世纪中国社会中作用的研究》，李荣昌译，上海社会科学院出版社1991年版，第192页。

③ 伍丹戈：《明代绅衿地主的发展》，《明史研究论丛》第2辑，江苏人民出版社1983年版，第9—13页。

就意味着财富有可能增加,若其丧失这一身份,不仅不再拥有特权,就是其富民地位都难保。这在有钱民户"差徭烦、赋役重"而可至"倾家荡产"的社会背景下当是常有之事件。①

对于明清时期的这一社会阶层流动现象,时人则称之为"善变",并总结了其规律。其向上之"变"为:"贫穷之家,朝胼夕胝,男亩妇桑,积渐不已,变为温饱之家;温饱之家,枕诗藉书,且呻夕吟,积渐不已,变为文墨之家;文墨之家,乡举里选,宾王贡国,积渐不已,变为簪缨之家;簪缨之家,登崇陟峻,累俸剩饩,积渐不已,变为富贵之家。"而向下之"变"为:"富贵之家,纵耳娱目,朝唱夜弹,积渐不已,变为歌舞之家;歌舞之家,尘金土珠,浪费不赀,积渐不已,变为鬻贷之家;鬻贷之家,基产罄尽,衣食不给,积渐不已,变为贫穷之家。"其中还特别强调了向上向下之"变"具有循环往复的特点,而且并不以人的意志为转移:"贫穷而奋,则又变为温饱、为文墨、为簪缨、为富贵;富贵而骄,则又变为歌舞、为鬻贷、为贫穷。若此者,所谓岁迁时移,溺其中者往往不觉,求其逆睹预防,

---

①(明)西周生:《醒世姻缘传》第50回《狄贡士换钱遇旧　臧主簿瞎话欺人》,黄肃秋校注,上海古籍出版社1983年版,第725页。

百无一二。"①这一描述非常形象生动,可与前面的论述相为印证、互为补充,反映了当时社会上下流动的一般情况。同时也充分说明:在这样的社会流动结构下,"为文墨、为簪缨、为富贵"者,实际已被先能"为温饱"的富民之家及其士绅化群体所垄断,而且人们对这种趋势"往往不觉",呈现出无法"逆睹预防"的必然性。

二、富民及其士绅化群体垄断知识与绅权的几种典型现象

通过获取知识,进而获得享有政治特权的士绅身份,不仅是富民阶层追求更高社会地位的必经之道,同时也是其他各社会阶层的成功之道。在唐宋时期,这条通道虽然主要被富民及其士绅化的群体所占有,但仍然有不少底层民众依托这条道路进入了令人羡慕的"官人世界",而到明清时期,这条通道渐渐被富民及其士绅化的群体所垄断,即通过知识的垄断而形成对享有政治权力的士绅群体的垄断。这在当时"士商合流"、士绅掌握文化霸权和科考上"藉衣冠为垄断"等现象上有很好的

---

① (明)江盈科:《江盈科集·雪涛阁集》卷14《小说·善变》,黄仁生辑校,岳麓书社1997年版,第672页。引文标点稍有改动。

反映。

（一）士商合流

在唐宋之时,富民群体中虽然包括经营商业、手工业的致富者,但主要是指乡村中占有土地,靠土地经营致富的阶层。换言之,此时的富民仍以在乡村社会经营农业者为主,商人只是其中较少的一部分。我们认为,虽然宋代有"士多出于商"的一般性说法,将其中的"商"理解为富民当更能反映社会现实,时人所言"自(富)农转而为士……者,在在有之",[①]反映的就是这种情况。而自明代尤其是明中叶开始,由于国家赋役制度的盘剥和各级官员吏胥的侵扰,再加上王公贵族和官僚等特权群体乘机大肆兼并土地,在乡富民大面积破产,由农而富者逐渐减少,而出身商人的富民日渐增多,使富民阶层的构成开始发生一些变化。顾炎武《天下郡国利病书》言,在明朝前期,天下"家给人足",以农本致富者多,以经商致富者少,而"至正德末、嘉靖初,则稍异矣",此后由于"出贾既多,土田不重",造成"末富居多,本富尽少"的局

---

① (宋)曾丰:《缘督集》卷17《送缪帐干解任诣铨改秩序》,《景印文渊阁四库全书》第1156册,台湾商务印书馆1986年版,第193页。

面。① 随着富民阶层的持续发展及其职业构成的转变，社会流动性增强，等级界限松弛，使中唐至明清之际的士商关系持续发生变化，大致是由"贵士贱商"转而在儒家伦理道德层面追求"异业同道"，进而在朝廷政策改革的层面力求消除"重农抑商"、"贵士贱商"等障碍，直至在个体心态的层面有一定程度上的士商契合，中国古代士与商长期处于情感疏离、职业分隔的状态由此得到颠覆性的改观。②

明清时期的士商合流，不外乎"士而商"和"商而士"两种途径，③ 无论是哪种途径，都反映了当时提高社会地位所必须具备且相互关联的两类要素——财富、知识的高度重合。由于国家的导向性赋予政策，如政府工商政策趋向宽松，关于商人应试登第政策的放开，特别是捐纳制度的实行，强烈地冲击了传统的科举制度，成为直接促

① (清)顾炎武：《天下郡国利病书·凤宁徽》引《歙县志·风土论》，《续修四库全书》第596册，上海古籍出版社2001年版，第130页。

② 陈书录：《士商契合与文学思想的演变——以中唐至明清为考察重点》，《文学评论》2007年第4期；郭学信：《论宋代士商关系的变化》，《文史哲》2006年第2期。

③ (明)归有光：《震川先生集》卷13《白庵程翁八十寿序》，周本淳校点，上海古籍出版社1981年版，第319页。

进"士商渗透"的重要渠道。^①易言之，由商而士，即代表富民主体的商人群体获取士人身份，这应是士商合流的主要途径。如在商人群体较多的地区，人们往往奉行"右贾而左儒"，即"以商贾为第一"，次而求"科第"的人生规划。^②徽州歙县之"业鹾"者"多缙绅巨族"，其中"以急公议叙入仕者固多，而读书登第，入词垣跻膴仕者，更未易仆数，且名贤才士往往出于其间"，被称之为"固商而兼士矣"。^③福建某地的"缙绅"群体，也大多通过经营"盐筴"起家，后来退闲归居，"犹亲估客之事"，他们由商入仕，再由官转商，身份自由转换，其间并无半点妨碍，实为当时士商融合的典型范例。^④

---

① 张海英：《明中叶以后"士商渗透"的制度环境——以政府的政策变化为视角》，《中国经济史研究》2005年第4期；张仲礼：《中国绅士：关于其在19世纪中国社会中作用的研究》，李荣昌译，上海社会科学院出版社1991年版，第202—206页。

② (明)汪道昆：《太函集》卷54《明故处士溪阳吴长公墓志铭》，《四库全书存目丛书·集部》第117册，齐鲁书社1997年版，第650页；(明)凌濛初：《二刻拍案惊奇》第37回《叠居奇程客得助　三救厄海神显灵》，《古本小说丛刊》第14辑，中华书局1991年版，第1787页。

③ 许承尧：《歙事闲谭》卷18《歙风俗礼教考》，李明回等校点，黄山书社2001年版，第603页。

④ (明)谢肇淛：《五杂组》卷15《事部三》，上海书店出版社2001年点校本，第320页。

（二）士绅掌控文化霸权

明清由于财富力量与知识群体的重合而导致出现的士绅阶层，往往成为乡村社会文化建设和知识传播的领导者。"他们支持儒家的机构和伦理——创办和维持学校、圣祠和当地孔庙，出版图书特别是地方史籍或地方志，并给平民大众分发道德说教册子和劝世歌谣"。①而士绅领导乡村文化建设和知识传播，往往是通过士绅内部特定的联系纽带和组织——如友谊、联姻、政见上的共鸣和文化事业上的追求，特别是家族继承等——来实践和实施的，而这些纽带和组织既具有在士绅内部的普遍性，又呈现出针对非士绅民众的排他性。士绅还展示了一些需要几代人才能积累打磨而成的文化特长与修养，如解释和运用儒家社会秩序的学理的能力，精英艺术的鉴赏力，对礼仪观念及其在社会交往上有效运用的理解，可供决策、为人接受的榜样和先例上的知识等，以此与较低名望和单纯富有的人区别开来。②

士绅在推进乡村文化与知识普及的同时，又致力于

---

① （美）费正清：《美国与中国》，张理京译，世界知识出版社1999年版，第36—37页。

② （加）卜正民：《家族传承与文化霸权：1368年至1911年的宁波士绅》，孙竞昊译，《中国社会经济史研究》2004年第1期。

具有排他性和特有性的文化组织、文化修养和知识学理，他们这样做的目的，正是要突出其无可替代的乡村文化建设和知识传播领导者的地位，构建其独一无二的地方文化的话语权，即文化霸权。康熙朝石成金《乡绅约》说："地方中有偌大利害，那耆民百姓人等要来条陈的，或是乡间愚人不(曾)到过衙门，见了官长，举止失措，不能申达下情。又或有能言会说的，多是不合道理，利口哓哓。又有一等奸狡利徒，借题条陈，假公济私，不是实实利弊。所以道达民间利弊这个担子，专是乡绅的责任。况且是乡绅平日有望的，官长自然钦敬，说来无有不依从的。纵有疑难的事体，从公起见，委曲敷陈，也没有不行的理。"此话概括了士绅之所以能够掌握民情上达之话语权，其实有三重优势：一是熟练官场应对之礼仪与程式，不会像没见过世面的普通民众那样进退失据；二是通晓儒家价值之解释与运用，不会如长于争吵而不懂得"道理"之人；三是聚有民望、著于公利而为官长所重，不会似奸猾之徒因一己私利而为官府所轻。进言之，士绅对作为传统文化三个重要方面的官场仪式、儒家道理和社会公德的掌握、理解与实践上，均具有其他社会阶层所没有的独一无二的优长之处。石氏所言之目的，本在于强调士绅与地方"祸福"密切相关，但在其不经意间，却透露出时人对于地方文化内涵及其解释话语权掌控者的真实情况。①而士绅对于地方文化霸权的掌握,实际上就是对于这一特定文化内涵所指向的知识体系,即费孝通所说的"知道应当怎样去处理事物"的"规范知识"的垄断。②

(三)在科考上"藉衣冠为垄断"

士绅阶层垄断知识,获得文化霸权,实际上也就获得了对于士绅特权的垄断。在唐宋富民崛起之初,社会阶层的凝固化趋势尚不明显,但至其后期,引起社会阶层凝固化的因素及其影响也日渐显现了出来。如国家优待官僚阶层,使其有条件大肆兼并土地,又可向富民收取诡寄资产之费,造成"昔之为上中户者……多折而为下户"。③与此同时,官僚阶层凭借荫补制度延续自己的政治生命,由此而存在一批"世禄子弟";④在科举中,"据权势者以请嘱而必得",⑤可以利用政治特权影响科举公平,再加

①(清)石成金:《传家宝全集》卷3《乡绅约》,广益书局民国二十六年(1937)排印本,第16页。
②费孝通:《论"知识阶级"》,载吴晗、费孝通等:《皇权与绅权》,观察社民国三十七年(1948)版,第12—13页。
③《宋会要辑稿》食货70之108,中华书局1957年影印本,第6424页。
④《宋会要辑稿》选举26之21,中华书局1957年影印本,第4659页。
⑤《宋会要辑稿》选举6之1,中华书局1957年影印本,第4330页。

上官僚阶层不能正常新陈代谢，造成"冗官"现象。所有这些，都压缩了富民的生存空间，官僚、富民和贫民之间的正常社会流动遭到了一定程度的破坏，享受特权并占有财富的阶层出现某种凝固化的趋势。虽然如此，到南宋时出身平民阶层的进士仍占一半以上。[①]

到了明清，虽然官僚阶层所占人口比例有所下降，但与之同样享有特权的士绅阶层的比例大大提高了，所以制约社会阶层流动的凝固化因素依然存在，甚至在某些方面仍有继续扩大的趋势。这突出地体现在科举制对社会阶层流动的影响上。据何炳棣对三万五千余例个案的统计分析，明清两代进士的家庭背景中，三代之内没有任何功名（生员除外）参考者的比例已经由1371年的75%下降到1661年的29.7%，最终下降到1844年的15.5%。就整体而言，清代平均数为明代平均数的三分之一至四分之一之间。而在作为士绅群体的下层及最大组成部分的生员中，来自先前没有初级以上功名的寒微家庭的比例，从明代平均约为74.8%，下降到清代的52%。易言之，虽然清代仍有超过一半的生员来自没有功名的平民

---

① （美）E. A. Kracke Jr., "Family vs. Mcrit in Chinese Civil Service Examinations Under the Empire," *Harvard Journal of Asiatic Studies*, Vol.10, 1947, pp.103–123.

家庭，一般平民依然有公平进入这个关键的社会转型的机会，但由生员及没有任何功名的平民考中进士的机会却已被大大地压缩了。[①]郑若玲通过对《清代朱卷集成》七千多名举子家世的分析指出，清代各层举子上行三代均无功名者，进士、举人、贡生的比例分别为13.27%、13.41%、9.45%，平均为12.69%，[②]也在一定程度上反映了这种情况。[③]

可见，明清士绅群体，特别是除生员以外的中、上层士绅群体，逐渐发展到主要来源于这个群体的子孙。时人谓科考已为"缙绅专利"，出现"藉衣冠为垄断者"，以

---

①Ping-Ti Ho. *The Ladder of Success in Imperial China: Aspects of Social Mobility, 1368—1911*. New York：Columbia University Press，1964，pp.112—113，122—124.译文参考徐泓：《何炳棣〈明清社会史论〉译注（三）：第三章〈向上流动：进入仕途〉》，《明代研究》第15期，2010年。

②郑若玲：《科举对清代社会流动的影响——基于清代朱卷作者之家世分析》，《厦门大学学报（哲学社会科学版）》2007年第5期。

③何、郑二人在统计各层举子的前人的功名时，认为生员经济地位低微，皆不将生员计算在内。我们认为，虽然有贫寒子弟考取生员的情况，以及生员贫困化的现象，但生员主要来自于富民，是富民追求士绅化的结果。可参考林文勋等：《中国古代"富民"阶层研究》，云南大学出版社2008年版，第343页。

及"乡绅子孙,自然是书香不断"等,应不是空穴来风。①
社会阶层结构中出现的这种上流社会自我循环、不断因
袭和日益凝固的现象,一方面也应同宋代一样,是由于王
公、贵族与官僚不断压缩富民的生存空间引起的。他们
所掌握的现行国家权力,为其兼并土地提供了便利。如
明清两代的王公贵族与大官僚,一般拥有数万、数十万至
数百万亩的土地。②其所占之土地,有时能达到所在府
县田土的十之七八,③而其土地之来源,以"多夺民之田
以为田也",④原来占有土地的富民无疑是其主要侵夺对
象,因而导致富民的贫困化。更为重要而且与宋代不同
的另一面,则是由于士绅阶层在绅权的庇护下,形成对文

<hr>

① (明)陈宏绪:《寒夜录》卷中,商务印书馆民国二十八年(1939)排印
本,第16页;(明)薛三才:《薛恭敏公奏疏(上)》卷2《礼垣·申饬
学政疏》,台湾伟文图书出版社有限公司1977年影印本,第134页;
(清)石成金:《传家宝全集》卷3《乡绅约》,广益书局民国二十六年
(1937)排印本,第17页。

② 傅衣凌:《明清社会经济变迁论》,人民出版社1989年版,第79—
81页。

③ (明)堵允锡:《堵文忠公集》卷2《地方利病十疏》,(清)潘锡恩辑:
《乾坤正气集》第134册,清道光二十八年(1848)袁江节署求是斋
刊版,同治五年(1866)印行,第13页。

④ (明)王邦直:《陈愚衷以恤民穷以隆圣治事》,(明)陈子龙等选辑:
《明经世文编》卷251,中华书局1962年版,第2636页。

化资源的霸权和对经济资源的垄断(详见下述),更为广泛地限制了富民阶层的成长空间并阻碍了其上升通道。这就意味着平民通过读书应举进入士绅阶层的可能性的降低,并由此造成社会阶层之固化现象。当然,这种阶层固化的现象只是相对的,正如傅衣凌先生对明清社会阶层研究所指出的那样:"无论是地主、官僚、乡绅,或是商人、市民、小农、雇工,他们都无法确保自己的社会地位,因而也都无法形成具有稳固地位的经济强人。"①这正是以富民为基层的明清士绅社会与汉唐门阀士族社会的根本差别之所在。

第二节　绅权扩张
与市场化条件下的经济资源垄断

在明清时期的经济社会结构中,财富力量的身份化和传统市场经济的高度发展是最引人注目的两种历史现象。这两种历史现象之间有什么内在联系呢? 笔者认为,财富力量的身份化,恰恰使传统市场经济的发展在一定程度上减少了来自于国家政策的直接干预,同时也为士

---

① 傅衣凌:《明清社会经济变迁论》,人民出版社1989年版,第69页。

绅因得到特权的庇护而极力集中和垄断经济资源以推动市场要素的增长提供了社会条件。

一、绅权及其扩张

（一）绅权之基础及其基本形态

士绅作为获得了国家规定功名身份的特殊群体，享有一定的政治和经济特权。在以往的研究中，政治制度、社会结构，以及士绅自身的政治、经济、文化资源和优势等，都被认为是构成绅权来源即绅权得以形成的重要因素。[①] 笔者也深表赞同，而问题在于，在众多的权力来源之中，哪方面的因素才是绅权形成的真正基础呢？学者们的回答要么偏重于政治因素或文化因素，要么强调是各种因素综合作用或运用的结果。笔者认为，决定绅权的性质和构成，即绅权得以形成和扩张的最根本的因素，正是富民对财富的占有及其广泛追求政治权利的过程。士绅参与地方事务，构建地方治理霸权，实际上就是整合地方资源的过程。[②] 其中经济资源是最主要、最核心的

[①] 李世众：《晚清士绅与地方政治：以温州为中心的考察》，上海人民出版社 2006 年版，第 17—37 页。

[②] 廖华生：《士绅阶层地方霸权的建构和维护：以明清婺源的保龙诉讼为考察中心》，《安徽史学》2008 年第 1 期。

资源,其他政治文化资源不过是其衍生品和递进物。富民阶层通过士绅化,不但获得政治身份的保护,减少了国家权力的任意侵害,也使他们能在地方事务中联合起来争取发言权,成倍地放大其社会影响力,成为"社会制约国家权力的一种力量",[①]推动形成社会治理的新机制。这是士绅保护和发挥自身经济利益与资源优势的最优途径,由此也引导着国家治理体系的变革并在其中发挥着基础性作用。

根据国家明文规定,士绅可以优免赋役,还能减免行政刑事处罚,在官方与民间场合享受礼遇等。[②]这是绅权最基本的形态。除此以外,士绅还能在官府规定的范围内合法地参与和领导地方事务。明清时代,"乡绅于地方民事,原不应有所干与,以滋把持官府之咎"。[③]朝廷也制定了严格禁止士绅"干预公事"的"定例"。[④]但由

---

① 张星久:《对传统社会宗族、乡绅历史地位的再认识》,《湖北行政学院学报》2002年第4期。

② 张仲礼:《中国绅士:关于其在19世纪中国社会中作用的研究》,李荣昌译,上海社会科学院出版社1991年版,第32—54页。

③ (清)陈宏谋:《学仕遗规》卷4《官绅约》,《官箴书集成》第4册,黄山书社1997年版,第540页。

④ 《清德宗实录》卷144,光绪八年三月癸卯,《清实录》第54册,中华书局2008年影印本,第40页。

于士绅长期经营地方,地方政府不得不依赖士绅对地方进行治理,渐渐产生了"大夫致事(仕)居乡者为乡先生,仕其土者无不与之相参而治"的为政理念与实践。[①]所以清人石成金《乡绅约》言:"乡绅关系地方祸福,与父母公祖一同无二。往往有府州县得了好官,要行好事,不得乡官帮助,就行不去的;也有府州县没有兴利除害的官,地方上有几个好乡绅,也救得一半。"看来乡绅关系地方不小,所以讲"也有",因前文说"官长行一善事,便抵过平常人的百千万件"。[②]

士绅对于地方治理之利害,具体来说,包括"地方利弊,生民休戚,非咨访绅士,不能周知";"邑有兴建,非公正绅士不能筹办,如修治城垣、学宫及各祠庙,建育婴堂,修治街道,俱赖绅士倡劝,始终经理"。对于政府官员而言,此举既可让吏胥"无由中饱",所办之事"费省工坚",而其自身"亦不劳而治,且免浮言",可谓一石

① (清)韩菼:《有怀堂文稿》卷20《吏部考功司员外郎顾先生墓表》,《四库全书存目丛书·集部》第245册,齐鲁书社1997年版,第593页。

② (清)石成金:《传家宝全集》卷3《乡绅约》,广益书局民国二十六年(1937)排印本,第16页。

多鸟,能达到多重目的。①实际上,地方公务之要者,除了兴建公共设施等教化事务外,还有钱粮、狱讼和治安等,士绅在这些方面都要发挥主导作用,康熙朝所颁发的《圣谕广训》对此有集中说明:"敦孝弟以重人伦,笃宗族以昭雍睦,和乡党以息争讼,重农桑以足衣食,尚节俭以惜财用,隆学校以端士习,黜异端以崇正学,讲法律以儆愚顽,明礼让以厚风俗,务本业以定民志,训子弟以禁非为,息诬告以全良善,诫窝逃以免株连,完钱粮以省催科,联保甲以弭盗贼,解仇忿以重身命。"②

(二)绅权之多维扩张

士绅所享有之绅权,绝不仅仅限于上述由各级官府所明文规定和循例奉行的合法范围之内。他们往往以合法的士绅权威为基础,在地方事务中极力扩张其绅权。

其一,从部分优免到诡寄影射、包税抗粮和代为催粮。

虽然国家规定士绅享有多少不一的税徭优免之权,但一般还要承担部分赋役。如明代除于洪武十二年规定

①(清)徐栋:《牧令书》卷7《取善·作吏要言》,《官箴书集成》第7册,黄山书社1997年版,第108页。
②《清圣祖实录》卷34,康熙九年十月癸巳,《清实录》第4册,中华书局2008年影印本,第461页。

"内外官致仕还乡者,复其家,终身无所与"之外,其余时间都是量官品及监生、举人、生员等身份部分蠲免。①乾隆元年上谕亦云:"任士作贡,国有常经。无论士民,均应输纳。至于一切杂色差徭,则绅衿例应优免。"②而在官府进行征纳之时,士绅会千方百计将自身应承担之税役全部免除。明代士绅,不仅"身无赋、产无徭、田无粮、物无税",还可"庇护"他人之"赋徭、粮税",以及"请托行私","包揽钱粮"。③至其中后期,不仅在乡"士大夫田连阡陌,受请寄,避徭役,贻累闾里,身殁而子孙为流庸者多矣!"④即便是诸生也会逃税漏税,为钱粮大户诡寄脱免。顾公燮《丹午笔记》言:"明季廪生,官给每岁膏火银

①《明太祖实录》卷126,洪武十二年八月辛巳,台湾"中研院"史语所1962年校印本,第2011页;李雪慧等:《明代徭役优免类型概说》,《故宫学刊》2013年第2期。
②《清高宗实录》卷12,乾隆元年二月戊辰,《清实录》第9册,中华书局2008年影印本,第361页。
③(清)计六奇:《明季北略》卷12《陈启新疏三大病根》,魏得良等点校,中华书局1984年版,第194页;(明)李维桢:《大泌山房集》卷134《陕西学政》,《四库全书存目丛书·集部》第153册,齐鲁书社1997年版,第732页。
④(清)钱谦益:《牧斋初学集》卷53《山东青登莱海防督饷布政使司右参政赠太仆寺卿谭公墓志铭》,《续修四库全书》第1390册,上海古籍出版社2001年版,第148页。

一百二十两"，"贫生无力完粮，奏销豁免。诸生中不安分者，每日朔望赴县恳准词十纸，名曰乞恩。又揽富户钱粮，立于自名下隐吞。故生员有坐一百走三百之谣。"[1]

清朝初年，有的地方"一青衿寄籍其间，即终身无半镪入县官者，至甲科孝廉之属，其所饱更不可胜计。以故数郡之内，闻风猬至，大僚以及诸生，纷纷寄冒，正供之欠数十万"。[2]绅衿沿袭明末诡寄逃税之陋规，成为此时地方钱粮拖欠隐漏之源。当然，清政府很快就采取了高压政策，使士绅们逐渐意识到"有田供赋，固臣民通义，毋容逋缓"，"田赋功令最急，苟有逋悬，祸亦最重，此天下皆然"。所以，不但出现了告诫子孙"杜移易飞洒之弊"之类的家训，还产生了"士大夫居乡，以早完国课为第一义"等自勉格言。[3]不可否认，士绅诡逃之风固然因之而有所收敛，甚至一度出现"富厚之家，踊跃急公，输将恐

---

① (清)顾公燮：《丹午笔记》第52条《明季生员》，江苏古籍出版社1985年点校本，第68页

② (清)佚名：《研堂见闻杂记》，《中国历史研究资料丛书》，上海书店1982年版，第294页。

③ (清)王时敏：《奉常家训》，《棣香斋丛书·金集》，清道光十三年(1833)太仓东陵氏刊本。

后"的局面，①但其风弊并未由此而被杜绝，相反在短暂沉寂之后又故态复萌。

黄六鸿《福惠全书》载士绅包揽之风盛："按北地粮轻丁重，每有差徭，俱照丁派，故每丁有派至一二两者。若穷苦之人，将何所取办乎？此照粮升擦所以为至当也。然绅衿之豪，以包揽成风，恬不为怪。贫穷亲友及乡间稍裕者，其田地揽归户下，每年钱粮包为代纳。百姓火耗，有加三加二加一不等，其包纳火耗，亦不为减。及绅衿完粮，借口自封投柜，竟有银色不足、银数短少者。县官若一查究追补，辄持官短长，列款控告，拖累衙役。所以绅衿公然包揽，大获其利。而百姓亦乐于绅衿包揽者，其本户之丁，即系绅衿供丁。乡绅供丁多至数十名，青衿亦有十数丁者，每有差徭，里递不敢派及。每遇编审供丁，名下即有应增新丁，户长、总书亦不敢开报。若竟依粮升擦，则绅衿所包揽之田地势必增丁，则所增者非绅衿之丁，而即包揽之丁，是又为绅衿增包揽之丁也。乃百姓见按粮增丁，益惧丁多为累，争附绅衿者愈众。"②清后期，"包

---

① （清）许治等修纂：《乾隆元和县志》卷10《风俗》，《中国地方志集成·江苏府县志辑》第14册，江苏古籍出版社1991年版，第108页。

② （清）黄六鸿：《福惠全书》卷9《编审部·总论》，《官箴书集成》第3册，黄山书社1997年版，第315页。

揽"一词被收入官方所编《六部成语》之中,特指"一乡之中,或绅士里正之辈,专管包纳民人钱粮之事"。①这些情况都说明士绅"包揽钱粮"的现象已日益普遍。

士绅之所以有时能全免税役及广行"包揽"之权,一个非常重要的因素就在于他们"倚恃绅衿,抗粮不纳"。官府也试图"严定专条"加以禁止,亦有文献记载说"雍正以后,此风始息",可实际上其实施效果并不佳,致使"绅衿拖欠钱粮者,比比皆是,从无照此办理者,此例亦具文矣"。②正因如此,官府征收税粮之时,常常不得不酌选"公正绅耆各处帮催",致使不少地方的士绅获得了为官府"代为催粮"之权。③

其二,从调解纠纷到包揽词讼。

一般来说,"公正绅士"对"乡间细小之讼",能起到

---

① (清)李鹏年:《六部成语》之《户部》,清道光二十二年(1842)刻本。
② (清)薛允升:《读例存疑》卷13《户律之五·仓库上·收粮违限》,光绪三十一年(1905)京师刊本;(清)黄印辑:《锡金识小录》卷1《备参·衙棍》,《中国方志丛书·华中地方》第426号,台湾成文出版社有限公司1983年版,第67页。
③ (清)杜凤治:《望凫行馆宦粤日记》第三本《绥江日记》,同治六年七月十七日,广东省立中山图书馆等编:《清代稿钞本》第10册,广东人民出版社2007年版,第167—168页。

"劝解消化,无令到官"的作用。① 官府判审各类案件,按惯例也要"邀公正绅士出来理处"。② 无论是哪种方式,实际都是要士绅在民间司法纠纷中发挥一种"教谕式的调解"功能。③ 至于刁生劣衿,往往倾向于"包揽词讼,武断乡曲,流弊不堪指数"。④ 明自万历之后,士绅揽讼者渐多。如"吴中士习"本号"最醇",此后"青衿日恣,动以秦坑胁上官,至乡绅则畏之如伥子,间有豪民拥姝丽游宴,必邀一二庠士置上座以防意外",正是由于生员具有这样的特殊社会地位,"民间兴讼,各倩所知儒生,直之公庭",遂有"雇秀才打汝"之语。⑤ 又如杭州等地之"士大夫居乡者,高爵厚禄,身占朝籍,抗礼公府,风雷由其片言。或垄断罔利,莫之敢争,煦之则生,嘘之则枯,侵官寝讼,纳赂千金,少亦足抵数吏之人。剥众肥家,岂其微哉!

① (清)方宗诚:《鄂吏约(同治二年,代严中丞作)》,(清)盛康辑:《皇朝经世文续编》卷25,清光绪二十三年(1897)刻本。

② (清)杜凤治:《望凫行馆宦粤日记》第三本《绥江日记》,同治六年六月十三日,广东省立中山图书馆等编:《清代稿钞本》第10册,广东人民出版社2007年版,第127页。

③ (日)滋贺秀三等:《明清时期的民事审判与民间契约》,王亚新等编译,法律出版社1998年版,第98页。

④ 《清史稿》卷426《王凯泰传》,中华书局1977年点校本,第12251页。

⑤ (明)沈德符:《万历野获编》卷22《督抚·海忠介抚江南》,中华书局1959年点校本,第556页。

在位者或徇情市誉，畏挠而不敢辨；或稍裁制，士论纷然，以为俗不长厚，中以奇祸。省部不以徇，台臣不致劾，养成贪横之风。巧者习见如是，矫强守官无可非刺，望日隆，位日进，嘱托日益行，而肥家之术益广矣"。①

明末士绅行"嘱托"为"寝讼"之类的"贪横"之举在清前期得到了遏制。乾隆朝的方志记载了这一转变："明季士大夫好持清议，敦气节，重名义，善善同清，恶恶同浊，有东汉党锢诸贤之风，其小人亦慷慨慕义，公正发愤，然或时捍法网。本朝初载，遗风犹存。近数十年来，缙绅先生杜门埽轨，兢兢自守，与地方官吏不轻通谒，或间相见，备宾主之礼以去。学宫士子多读书自好，鲜履讼庭。"②但清代士绅由"时捍法网"到"鲜履讼庭"，也仅为一时之蛰伏而已。实际上，在清前期的不少地方仍然盛行由生监包揽词讼。《锡金识小录》载："生监之出入县庭，把持官府，鱼肉乡民者，在顺治康熙初曰十三太保，时有正十三、拗十三之称，康熙中曰州桥七棍。盖此辈上以邑绅之不肖者为靠山，下以各乡之土棍为爪牙。乡民有讼

① （明）陈善等修：万历《杭州府志》卷19《风俗》，《中国方志丛书·华中地方》第524号，台湾成文出版社有限公司1983年版，第1356页。
② （清）许治等修纂：《乾隆元和县志》卷10《风俗》，《中国地方志集成·江苏府县志辑》第14册，江苏古籍出版社1991年版，第108页。

事,则土棍牵引,令投此辈为之主。先以甘言慰之,而阴量其家之厚薄,产不垂尽,事不得结也。有殷实畏事者,借端恐吓,不遂其欲不止。"①

乾嘉以后,士绅包揽词讼者得以再度大行其道。只不过生监联合把持本地词讼之组织,已由顺康之十三太保等"衙棍"称谓,演变为此时之"韠党"等诸党名目(见后文所论),且其影响范围更为广泛。如"明于法纪,恃刁生劣监之符,潜入公门结蠹役玩书为友,记三八收呈之日批语,抄录来索十千润笔之资。谢仪收到,砌词上控,以挟制官府为能。造语飞传,以恐吓乡愚为事",至有"覆为雨而翻为云"、令"敌人胆落"之能。②宋恕《六字课斋卑议·讼师章第四》言:"举贡生员,倚仗衣顶,教唆词讼,武断乡曲,平民畏之,号曰'讼师'。讼师之强有力者:声气广通,震慑州县,例案特熟,挟制院司,一喜一怒,万户股栗,生人死人,操其笔端,如斯之流,源源不绝;弱无力者:扬威数里,称雄九族,良懦被虐,厥痛均焉",藉此表达

① (清)黄印辑:《锡金识小录》卷1《备参·衙棍》,《中国方志丛书·华中地方》第426号,台湾成文出版社有限公司1983年版,第66—67页。
② (清)牟述人:《牟公案牍存稿》卷1《访拿讼师示》,咸丰二年(1852)西湖公寓刊本。

了对士绅把持司法诉讼的无可奈何与痛心疾首。他进一步提出："夫查拿若辈，法令孔严，猖獗至此，其故安在？"其所作解答是："盖由民鲜识字，士罕读律，清议无权，襮革不易。"[①]可谓一语中的，切中要害。

其三，从备应咨询表达民意到品评官员掌控舆论。

地方官员要想"周知"地方利弊和地方民众要向官府表达意见，都不可避免地选择士绅为"上传下达"的桥梁，士绅由此可以品评地方官员。这种表达民意品评官员的形式，一则兴对歌谣。嘉靖中人何良俊说："松江旧俗相沿，凡府县官一有不善，则里巷中辄有歌谣或对联，颇能破的。"[②]范濂述明中后期之"风俗"云："歌谣词曲，自古有之，惟吾松近年特甚。凡朋辈谐谑，及府县士夫举措稍有乖张，即缀成歌谣之类，传播人口。"[③]又如吴江县令祝似华，"初到以风力自命，时南浔董氏有田数万在吴江，祝立意苦之，未几以暮夜得解"，民间遂为一诗曰："吴江劲挺一茎竹，才逢春雨便叶绿。青枝一夜透千梢，登时

---

① 胡珠生编：《宋恕集》卷1，中华书局1993年版，第3—4页。

② （明）何良俊：《四友斋丛说》卷18《杂记》，中华书局1959年点校本，第161页。

③ （明）范濂：《云间据目抄》卷2《纪风俗》，《丛书集成三编》第83册，台湾新文丰出版公司1999年版，第396页。

改节弯弯曲。"其中"竹谓祝姓,董礼部号青芝,用事沈医生号春宇,叶六则心腹书办也;又吴俗呼现钱为梢,故谑语云然"。①清人《三冈识略》亦载:"故吏兹土者,往往不能廉洁。有李正华者,小有才,矫廉饰诈,下车之日,行李萧然,及其归也,方舟不能载。有轻薄子投以一绝云:'吴地由来异郁林,归舟压浪影沉沉。不须更载华亭鹤,江上青山识此心。'"②

二则工讽时文。因诸生应考八股文,"工为四书集句",亦常"作时文以讥官长"。如万历丁酉年,长洲令江盈科因征粮误对一冯姓廪生用刑,其文承题云:"夫士也,君子人也,左右手,齐之以刑,乌在其为民父母也!"又辛丑年,有周一梧别号怀白者,居苏州太守而有议其操守者,为人刚峻,待青衿不加礼,其文承题云:"盖白之于白也,不为不多矣,怀其宝而迷其邦,先生之号则不可。"又长洲令关善政初至,即有一破题云:"善政得民财,今之为关也。"这些讥讽之文"俱奇巧令人绝倒,大抵嘲守令居

① (明) 沈德符:《万历野获编》卷26《谐谑·吴江谑语》,中华书局1959年点校本,第669页。
② (清) 董含:《三冈识略》卷3《谣谶》,《四库未收书辑刊》第4辑第29册,北京出版社2000年版,第655页。

多,而间及卿士大夫"。①

　　三则倡率公论。无论是兴对歌谣,还是工讽时文,大都是士绅因事意气而为,虽可在一定程度上反映民意,但毕竟多是逞一时口舌之快,对为官当政者影响有限。他们遂发展出"公论"这一民意表达形式,以达到议政论官,切实影响官府施政行为的目的。清人陆文衡《啬庵随笔》述"前明故事"云:"吴下士子好持公论,见官府有贪残不法者,即集众倡言,为孚号扬庭之举,上台亦往往采纳其言。"②至于如东林党人"讽议朝政,裁量人物",更是影响到朝政大局。③

　　明代士绅的好持公论之风,被清代绅衿发扬光大。如"康熙以前,邑中有不便于民者,生监耆老连名具呈"。这一联名"公呈"之权虽然在雍正时禁止,但并未能阻碍士绅公论的继续存在。④"官之贤否,取于绅士之论",⑤

----

① (明)沈德符:《万历野获编》卷26《谐谑·苏州谑语》,中华书局1959年点校本,第668页。

② (清)陆文衡:《啬庵随笔》卷3《时事》,光绪二十三年(1897)刊本。

③《明史》卷231《顾宪成传》,中华书局1974年点校本,第6031页。

④ (清)黄印辑:《锡金识小录》卷1《备参·邑绅》,《中国方志丛书·华中地方》第426号,台湾成文出版社有限公司1983年版,第68页。

⑤ (清)姚莹:《覆方本府求言札子》,(清)魏源:《皇朝经世文编》卷23,《魏源全集》第14册,岳麓书社2004年版,第395页。

遂成为共识。时人官箴《牧令书》言："绅士为一方领袖，官之毁誉，多以若辈为转移。采其行端望重者，偶一俯交，便觉正气隆重、人知向方，再为观风月课、整饬斯文，则众口成碑、官声日起。宵小之徒气类萧索，自阴消无数祸端矣。"[①]这是教导为地方官者要注意士绅公论，特别是引导和采用公正绅士的"口碑"，以避免因宵小劣绅的邪论而损害自己的官威、政事与名声。

当然，这只是当政者的理想化的设计。在政务的实际运作中，确是有因士绅公论而促进地方福祉的一面。如在万历年间的治淮活动中，以常三省为代表的淮滨之地的士绅与以王应元为首的下河之地的士绅，奔走呼告，代表民意而向朝廷请命，在维护各自地方利益时发出一致的声音。虽然以各地公论所代表的地方利益最后都被中央统治利益所牺牲，但众多士绅在这场"各为乡土"的争议中，表现出了极为浓厚的捍卫乡土利益的情怀。[②]而在另一面，士绅控制地方舆论，往往使之朝着有利于自身的方向发展。如东林骨干钱谦益、瞿式耜居乡，被人控

① (清)徐栋：《牧令书》卷16《教化·绅士》，《官箴书集成》第7册，黄山书社1997年版，第365页。
② 袁飞：《士绅、地域与国家：明万历年间治淮活动中的利益冲突》，《社会科学辑刊》2008年第3期。

诉"把持朝政,浊乱官评",并操纵"府县之贤否"。① 若地方官员"与乡绅之豪武者不协",往往被"造谤书"而不得不离职。② 而"州县每有兴举,凡不便于绅士者,辄倡为议论,格而不行"。③

其四,从自纠其族乡到全面负责地方治安。

士绅在地方维稳弭盗方面起着非常重要的作用。最初,"大姓父老绅士,多有自纠其族乡毋得为盗者",后来则发展到承担起"攻匪保良"的整体责任。④ 所以时人有云:"欲弭盗贼,莫如办保甲;欲办保甲,莫如责成绅士。"⑤ 相关事例很多,其中最为典型者,莫如阳城陈氏家族保卫乡里与杜凤治依靠士绅剿匪二例。

阳城陈氏家族自宣德初年迁居于本县中道庄,至明

---

① 丁祖荫:《虞阳说苑甲编》第5册《张汉儒疏稿》,民国六年(1917)虞山丁氏初园排印本,第1页。

② (明)沈德符:《万历野获编》卷28《鬼怪·献县盗鬼》,中华书局1959年点校本,第724页。

③ (清)黄六鸿:《福惠全书》卷23《保甲部·防救失火》,《官箴书集成》第3册,黄山书社1997年版,第480页。

④ (清)陈庚焕:《答温抚军延访海事书》,(清)魏源:《皇朝经世文编》卷85,《魏源全集》第17册,岳麓书社2004年版,第654页;《通饬严办会匪(广东)》,《申报》光绪丙午(1906)2月18日。

⑤ (清)恽毓鼎:《恽毓鼎澄斋日记·味腴室读书日记》,光绪十三年五月十二日,史晓风整理,浙江古籍出版社2004年版,第37页。

末清初已历二百年。其间由"隐居耕稼"起家，渐积进士、诸生、陕西副使、赠光禄大夫、文林郎、浙江道监察御史、文渊阁大学士等功名仕宦，并与官宦之家结成姻亲，成为世代缙绅家族。平日救急扶危，"乡人感德"，在本地获得了极高的声望。崇祯五年前后，农民军紫金梁等部转战于阳城诸村，陈氏家族在举人陈昌言、生员陈昌期兄弟的率领下，"筑寨楼御寇，保聚一乡"，在被攻数日围兵稍解后，仍被"日夜盘踞以扰"达二十余日。等农民军退去，立即修补楼寨，"且置弓、箭、枪、铳，备火药，积矢石"，使之在其后十个月内又顶住了四次攻击。这前后五次围攻，敌军"终不能得志"，而"族戚乡邻，所全活者约有万人"。后又"恳亲友力求，破金许多"，扩建楼堡于河山间。顺治五年至六年间，姜瓖据大同叛清，其党张光斗欲招降被拒，怒攻楼堡三个昼夜，不久清兵解围告散，此役又活乡党"千余人"，此楼遂名曰"山河楼"，成为阳城陈氏家族乃至明末清初的士绅们保其家族乡里的象征性标志。[1]

杜凤治于同治五年十月初任广宁县令。上任伊始，即收到县下文通书院生员陈天宠、陈安邦、祝祥光、梁绍

---

[1] （清）陈廷敬：《午亭文编》卷43《百鹤阡表》，乾隆四十三年（1778）刻本，第1—10页；（清）陈昌言：《河山楼记》、《斗筑居记》，载栗守田编注：《皇城石刻文编》，阳城县新华印刷厂1998年印本，第54—62页。

安、武举李拔元、职员程应元、廪生陈培荣、武生严凤山等士绅托请绅界头面人物谒见转呈的书信一禀，说是有本姓谢、绰号"单只手"的"著名土匪巨魁"，素横行一乡，手下有"积年漏网老贼"三四十人，而自九月以来，屡屡拦截过往船只，讹索银物，公开敲诈，毫无顾忌，为害绅民。因其主要活动于广宁与四会两县交界的石狗圩，故建议"两县会捕"。杜凤治认为这是"一个好破题儿"，于是写信约四会知县同时剿匪，安排文通书院山长陈天宠为眼线，命本地士绅率领所属团勇四五十人应差，协助官兵追捕。春水监生温良萧与曲水铺士绅等主动探听、提供贼匪消息，最终由诸绅率领团勇捕获打死匪首"单只手"等。事后，杜凤治不仅听从士绅的请求免勘匪尸，而且还不得不"从宽"赦免诸绅"擅杀一事"。不久之后，遂让石苟等地绅士于紧要处设局团练，令其缉匪、剿匪。可见在整个剿匪过程中，从报告匪情、提出方案，到派兵追捕、收尾处置等，为一县主官者，无一不赖士绅而为，直至让士绅们承担起剿匪缉盗之全责。[①]

---

① （清）杜凤治:《望凫行馆宦粤日记》第一本《望凫行馆宦粤日记》，同治五年十一月十二日至二十八日；同书第4本《绥江日记》，同治六年十月初六日，广东省立中山图书馆等编:《清代稿钞本》第10册，广东人民出版社2007年版，第93—102、298页。

其五，从襄助官府到挟制官府。

地方官员多希望能利用公正绅士发挥辅助政府治理的作用，但有时却事与愿违，由襄助而变为挟制。士绅诡寄、抗粮、包揽钱粮和诉讼、风评人物和事件等都被看作挟制官府之举。宣德间，致仕官员"出入公门，结交官吏，嘱托公务，妄兴告讦……暴横乡里，蠹政害民"，就被定性为"挟制官司"。[①]嘉靖时，也出现了"诸生倚藉衣巾，臧否人物，甚或见事风生"等"挟制官府"的现象。[②]自明中叶之后，此风愈炽。时人《纪风俗》言："士风之弊，始于万历十五年后，迹其行事，大都意气所激，而未尝有穷凶极恶存乎其间。且不独松江为然，即浙直亦往往有之。如苏州则同心而仇凌尚书，嘉兴同心而讦万通判，长州则同心而抗江大尹，镇江则同心而辱高同知，松江则同心而留李知府，皆一时蜂起，不约而同，亦人心世道之一变也。"[③]此类乡绅士人仇视、讦辱、抗礼地方官长，挟制、干

①《明宣宗实录》卷42，宣德三年闰四月癸未，台湾"中研院"史语所1962年校印本，第1024页。

②《明世宗实录》卷260，嘉靖二十一年四月丁丑，台湾"中研院"史语所1962年校印本，第5194页。

③（明）范濂：《云间据目抄》卷2《纪风俗》，《丛书集成三编》第83册，台湾新文丰出版公司1999年版，第397页。

预官府公事,甚至决定地方官之去留,无不是行挟制官府之实。故明末之人刘宗周说:"冠盖辐辏之地,无一事无衿绅孝廉把持,无一时无衿绅孝廉嘱托。有司惟力是视,有钱者生。"① 时人至言为地方官者"一身的精神命脉,第一用在几家乡宦身上",其次才是"用在上司身上"。②

　　清代士绅挟制官府的现象也始终存在。清初顺康之际,朝廷对之极力压制,所以自"康熙以来,科第甚盛,士大夫当官多清正自守,居乡不事干谒,屏衣服舆从之饰,引掖后进,唯恐不及"。③ 甚至因"功令严峻,绅士莫敢启口及时政"。④ 但此种局面维持不久即告萧索。雍正年间,就有诸生"每恃护符,武断乡曲,挟制官长,动辄倡首胁

① (明)刘宗周:《刘子全书》卷17《责成巡方职掌以振扬天下风纪立奏化成之效疏(壬午闰十一月二十一日未上)》,台湾华文书局股份有限公司1968年影印本,第1180—1181页。
② (明)西周生:《醒世姻缘传》第5回《明府行贿典方州　戏子恃权驱吏部》,黄肃秋校注,上海古籍出版社1983年版,第63页。
③ (清)孙星衍等修纂:《嘉庆松江府志》卷5《风俗》,《中国地方志集成·上海府县志辑》第1册,上海书店出版社2010年版,第153页。
④ (清)张予介等修纂:乾隆《昆山新阳合志》卷1《风俗》,乾隆十六年(1751)刊本。

众,习以成风",及"胁从罢考,挟制官长"。①《清高宗实录》载有"为国法所不容"的"青衿中的败类",即不法"劣生",或"恃衿包抗,率众挟制,敢将文庙黉门乘夜涂黑",或"操其权柄"而"控告知县"和"率众欲坌县署"以定"县令官长之去留"。朝廷认为此类"挟制刁风,日以滋长",其根源在于"县令必有不能约束士子之势",因"命各省督抚学政训饬士习"。②清后期的一道谕旨云:"乃近来绅士,往往不安本分,动辄干预本地方公事,甚至藉端挟制官长,以遂其假公济私之计。"③同治间曾任广宁知县的杜凤治,在其日记中则载有如"顺德甲科最多,官中外者亦多"的地方,往往"绅士强大",当地官员若"与绅不睦,真能使你不敢去"。④

①《朱批谕旨》第11册《雍正二年六月二十三日河南巡抚石文焯奏》,清雍正十年至乾隆三年(1732—1738)武英殿刻朱墨套印本,第81、82页。

②《清高宗实录》卷92,乾隆四年五月辛亥,《清实录》第10册,中华书局2008年影印本,第412页;同书卷95,乾隆四年六月戊戌,第450—451页。

③《清德宗实录》卷282,光绪十六年闰二月乙丑,《清实录》第55册,中华书局2008年影印本,第762页。

④(清)杜凤治:《望凫行馆宦粤日记》第七本《绥江日记》,同治七年闰四月廿一日,广东省立中山图书馆等编:《清代稿钞本》第11册,广东人民出版社2007年版,第21页。

二、士绅身份庇护与市场化条件下的经济资源垄断

（一）传统市场经济的新发展

传统市场经济在明清时期有了进一步发展。如在符合市场规律的经营品质中，时人对智慧与诚信的推崇要超过勤俭，对经商致富的推崇要超过力农至富。[①]这一时期的民田经营方式，有自耕农经营、佃仆制经营、雇佣制经营和租佃制经营等，其中租佃制是最主要、最普遍的农业经营形式。[②]在租佃制这种占主导地位的经营方式中，富民与佃农、国家之间的财富分配亦遵循着市场原则，"贫者不立，富者以赀易其田，捐半租与贫民，而代其赋"。[③]与之相对应的是土地所有权被分割为田底、田面等，"田面者佃农之所有，田主只有田底而已，盖与佃农各有其半。故田主虽易而佃农不易，佃农或易而田主亦不与"，若田地产权要完整出让，"田价必田主与佃农两议

[①] 陈宝良：《明代的致富论——兼论儒家伦理与商人精神》，《北京师范大学学报（社会科学版）》2004年第6期。

[②] 郑庆平：《明清时期的土地制度及其发展变化特征》，《中国农史》1989年第1期。

[③]（清）李雯：《蓼斋集》卷43《策三·赋役》，《四库禁毁书丛刊·集部》第111册，北京出版社2000年版，第594页。

而瓜分之,至少亦十分作四六也"。①明清押租制与永佃权的出现正是由于这土地产权之分割或一田多主现象的存在,同时也说明此时土地产权及其收益市场化倾向的进一步发展。②土地产权的分割及其市场化,"有助于突破传统的小农经济结构,有助于农业经济逐步商品化,并为具有资本主义萌芽色彩的土地经营提供前提条件"。③与前代相比,明清时期就连占田租地很少的"农民和商品经济的联系更加密切",④更遑论占有大量土地进行租佃经营的富民及其士绅化群体了。不仅如此,商人资本还直接购买土地。"所以明清时代商人占有土地,为数不少。其在经济比较发达的江南和东南沿海地区,固不用说,而在内陆地区商人资本与土地的结合更见突出"。⑤

明清时期市场的扩展不仅表现在占主导地位的农业领域,而且也表现在手工业领域,不仅表现在与市场相关

---

① (清)陶煦辑:光绪《周庄镇志》卷4《风俗》,《中国地方志集成·乡镇志专辑》第6册,江苏古籍出版社1992年版,第538页。

② 魏金玉:《清代押租制度新探》,《中国经济史研究》1993年第3期。

③ 樊树志:《明清租佃契约关系的发展——关于土地所有权分割的考察》,《复旦学报(社会科学版)》1983年第1期。

④ 李文治:《论明清时代农民经济商品率》,《中国经济史研究》1993年第1期。

⑤ 傅衣凌:《明清社会经济变迁论》,人民出版社1989年版,第85页。

的生产、分配环节，更表现在流通环节。在手工业领域，开始出现手工工场和"散工制"雇佣经营关系，最为典型的是纺织业中"机户出资，织工出力"，"机户出资经营，机匠计工受值"，"两者相资为生"的生产经营方式的出现。[①] 对于流通领域而言，全国逐渐形成了由流动枢纽城市、中等商业城镇和农村集市三个层级组成的城乡市场网络体系。[②] 而全国城乡市场网络的形成，士绅富商正是其中之主要编织者。如这一时期大商人资本兴起，形成了十大商帮，其中的"山西、陕西、徽州、江苏洞庭、闽、粤、浙海商等，都是较为著名的"，他们"不仅从流通过程中谋取大利，而是把其资金投放于生产领域，且进而直接控制生产"。[③] 由于商人资本的扩大，农村中也出现

---

① 《明神宗实录》卷361，万历二十九年七月丁未，台湾"中研院"史语所1962年校印本，第6741页；江苏省博物馆编：《江苏省明清以来碑刻资料选集》，生活·读书·新知三联书店1959年版，第6页；（明）蒋以化：《西台漫纪》卷4《纪葛贤》，《四库全书存目丛书·子部》第242册，齐鲁书社1995年版，第114页。

② 许檀：《明清时期城乡市场网络体系的形成及意义》，《中国社会科学》2000年第3期。

③ 张海鹏等主编：《中国十大商帮》，黄山书社1993年版；傅衣凌：《明清社会经济变迁论》，人民出版社1989年版，第49页。

了规模较大、距离较远的商品流动。[①]

另外,自正德时已开始、后因一条鞭法普及而更加确立的财政货币化不可逆转趋势,短工与长工人身自由进一步解放的雇工制演变,民间海外贸易的发展尤其是闽、粤诸大外贸商帮的形成与海禁的开放所带来的大规模世界白银内流等,也都反映了市场发展的情况。[②]总之,中国传统市场从唐宋时期基本确立,到明清时期发展到了一个前所未有的高度,主要表现为全国性的市场的形成及其成熟形态的出现。[③]许檀从市场发育、商品流通和区域经济发展三个方面考察明清时期中国经济的发展轨迹与特点后指出,"明清时期中国经济中最具时代意义和历史意义的发展,应是向市场经济的转化。具体而言,就是政府对经济直接干预的逐渐减弱,和市场机制在经

① (日)藤井宏:《新安商人的研究(续)》,傅衣凌等译,《安徽史学通讯》1959年第1期。

② 吴承明:《现代化与中国十六、十七世纪的现代化因素》,《中国经济史研究》1998年第4期。

③ 李伯重:《中国全国市场的形成,1500—1840年》,收入氏著:《千里史学文存》,杭州出版社2004年版,第269—287页;龙登高:《中国传统市场成熟形态的探讨——江南地区市场研究的学术史回顾》,《中国史研究动态》1998年第10期。

济发展中作用的不断加强"。[①]也就是说,明清市场的发展,不仅意味着传统经济的成熟形态,同时也意味着向近代市场经济的转化,并由此导引着中国传统社会的近代转型。

(二)士绅身份与经济垄断

关于明清时期的市场及社会经济为何得以发展,以往的学者把原因主要归结于政府对经济干预的减少,如赋役制度的改革使农民逐渐摆脱了官府的人身控制,也使得农业生产与田赋挂钩,有利于小农的自主经营,并因地制宜地发展区域经济,以及商品流通与市场管理等一系列政策和制度的变化,都有利于市场网络与市场机制的形成。[②]另外,在明清社会经济的发展中,还有一个看起来似乎非常矛盾,但又非常引人注目、令人无法回避的现象,那就是在有些地方,其中主要是江南地区,一度出现商人不愿投资土地的倾向。当时的不少官员、史家及当代的众多学者都有过热烈的讨论,他们或愤感时行税政之积弊,认为弃本逐末是避免赋役过重、收益过低的一

---

① 许檀:《明清时期中国经济发展轨迹探讨》,《天津师范大学学报(社会科学版)》2002年第2期。

② 许檀:《明清时期中国经济发展轨迹探讨》,《天津师范大学学报(社会科学版)》2002年第2期。

种必然选择；或观察到正是商品市场的发展和市场的扩大，为容纳更多的商业资本提供了社会条件；或虽指出商人确有避免投资土地的倾向，但也强调如能有合法或非法免税减税的土地，或是由于栽种商业作物，而可转嫁其赋役负担，则对投资土地就没有任何踌躇。[①]

我们认为，这几种观点都是有一定道理的，但其逻辑结构尚未理清，部分观点之间还有矛盾之处。

其一，政府政策的影响是一把双刃剑。

自唐宋以来，随着土地兼并的发展，租佃契约制始终占主导地位，小农直接负担国家赋役者较少，其经营自主性本来就能得到保证的，主要表现为小农、小工、小商三位一体化的趋势。[②]明代前期的赋役制度虽然对这一趋势有所逆反，但后来的发展仍然遵循着这一大体方向。明清赋役制度的重大标志性改革，只不过是顺势而为罢了。更何况，国家又给予占有大量土地的官户士绅赋役优免的特权，却增加了富民与部分拥有土地的小农的赋

---

① 以上这几种代表性的观点，参见许涤新等主编：《中国资本主义的萌芽》，人民出版社1985年版，第107—109页；（日）藤井宏：《新安商人的研究（续）》，傅衣凌等译，《安徽史学通讯》1959年第1期。
② 李晓：《论宋代小农、小工、小商的三位一体化趋势》，《中国经济史研究》2004年第1期。

役负担。因为"总计一县之田,止有此数,此增则彼减,官户之田日增一日,则民户之田不减不止",[①]在税额有定的情况下,一县之税田减少,贫富民户的负担自然会加重。其中富民虽可逃脱赋役,但也要付出贿赂成本。而且对富民群体而言,其一家虽可通过"不惜百金"而可获得"规避贿免"赋役的好处,而吏胥正可利用富民普遍希求"贿免"的心理而广泛收取其贿赂,"盖役一家而需索者且百家",在交了贿赂之费后仍有可能被征税徭,时人称之为"一害"。[②]对于拥有土地的小农而言,其处境则无疑更为糟糕。

其二,一些地区的部分商人不愿投资土地,或者说仍有部分商人愿意投资土地,从表面上看,与所要支付赋税及所获利润有关,而究其实质,还是与其能否获得可优免赋役的士绅身份有关。

士绅因"获有优免徭役的特权","差役负担较轻","便于集中土地",再加上"粮食商品化的有利条件,更

---

① (明)方岳贡等修纂:崇祯《松江府志》卷12《役法二》,《日本藏中国罕见地方志丛刊》,书目文献出版社1991年版,第326页。

② (明)陈善等修:万历《杭州府志》卷7《国朝郡事纪下》,《中国方志丛书·华中地方》第524号,台湾成文出版社有限公司1983年版,第529页。

便于他们积累地租"，从而扩大经济势力。①而随着绅权的扩张而形成的法外之权，更为士绅集中经济资源提供了便利条件。嘉靖中，给事中周诗依据他本人在南北做官的具体观察，而向朝廷呈交的上奏之文中就说明了这一点。"即今农困已极，有司又从而朘削之，言征敛则自两税外如军饷、如岁派造作供应，昔无而今有者，未有不准田起科者也；言差徭则自旧额外如兵勇、如听无经义起，昔半而今倍者，未有不兼田粮金者也"，而"豪宦连田阡陌，其势力足为奸欺，而齐民困于征求，顾视田地为陷井，是以富者缩资而趋末，贫者货产而儌庸"。②从明中叶开始出现的"末富居多，本富尽少"的现象，③在一定程度上反映了在明前期由于士绅化的富民数量尚少，其财富多未得到身份保护的社会背景下，从事土地经营的富民较多破产或向商业领域转移资本的情形。后来随着获得士绅身份的富民数量的增多，"田地多归有力之家，非乡绅则富民"，而在"民产渐消，乡官渐富"与"贫富相倾，

---

① 傅衣凌：《明清社会经济变迁论》，人民出版社1989年版，第82页。

② 《明世宗实录》卷545，嘉靖四十四年四月丙戌，台湾"中研院"史语所1962年校印本，第8803—8804页。

③ （清）顾炎武：《天下郡国利病书·凤宁徽》引《歙县志·风土论》，《续修四库全书》第596册，上海古籍出版社2001年版，第130页。

贫者率投献田地豪家"的新社会趋势下，①田土财货多归于有权有势的士绅之家也是必然的了。

所以，明后期之人王邦直论"禁势豪以除暴横"云："民之穷困，不特鬻于有司之侵渔，亦多迫于势豪之暴横。盖官豪势要之家，其堂宇连云、楼阁冲霄，多夺民之居以为居也；其田连阡陌、地尽膏腴，多夺民之田以为田也；至于子弟恃气陵人，受奸人之投献山林湖泺，夺民利而不敢言。当此之时，天下财货皆聚于势豪之家。"②清人柯耸上《编审厘弊疏》亦云："有田已卖尽，贫无立锥，而仍报重役者。遂有田连阡陌，坐享膏腴而全不应差者。不特十年之中偏枯殊甚，甚至年年小审，行贿求情，挪移脱换，丛弊多端。田归不役之家，役累无田之户，以致贫民竭骨难支，逃徙隔属。"③当然也有学者对田土等归于"势

---

① (明)杨嗣昌：《杨文弱先生集》卷32《钦奉上传疏》，《续修四库全书》第1372册，上海古籍出版社2001年版，第460页；(明)海瑞：《被论自陈不职疏》，(明)梁云龙：《海忠介公行状》，陈义钟编校：《海瑞集》上编六《应天巡抚时期》及附录一，中华书局1962年版，第238、541页。

② (明)王邦直：《陈愚衷以恤民穷以隆圣治事》，(明)陈子龙等选辑：《明经世文编》卷251，中华书局1962年版，第2636页。

③ (清)柯耸：《编审厘弊疏》，(清)魏源：《皇朝经世文编》卷30，《魏源全集》第14册，岳麓书社2004年版，第720页。

豪之家"或"不役之家"的说法持不同的意见,强调明清时期"占有大量的土地,在地方上掌握经济、政治的大权"的"非身分性的一般地主实构成为封建土地所有制的主体"。①我们认为,这种情况只存在于明代前期及明中叶以后部分士绅较少而由土豪或富民占主导地位的地区,就明中期以后至清代的大部分地区而言,统治者所谓"田亩多归缙绅豪富之家,小民所有几何"等说法并非虚言,②占有土地的应大都为士绅。

　　随着土地向"乡官"、"势豪"等集中,农村劳动力资源也向这些士绅群体汇集。根据明人何良俊的观察,"正德以前,百姓十一在官,十九在田。盖因四民各有定业,百姓安于农亩,无有他志。官府亦驱之就农,不加烦扰。故家家丰足,人乐于为农"。但自正德后四五十年间,"赋税日增,繇役日重,民命不堪,遂皆迁业",其中破产农民投靠乡官类士绅者为数众多,"昔日乡官家人亦不甚多,今去农而为乡官家人者,已十倍于前矣"。③清代乡绅士

---

① 傅衣凌:《明清社会经济变迁论》,人民出版社1989年版,第82页。
② 《清圣祖实录》卷215,康熙四十三年正月辛酉,《清实录》第6册,中华书局2008年影印本,第178页。
③ (明)何良俊:《四友斋丛说》卷13《史九》,中华书局1959年点校本,第111—112页。

夫接纳劳动力的情况亦是如此。如陈诗《湖北旧闻录》载："楚士大夫仆隶之盛甲天下，麻城尤甲全楚，梅、刘、田、李强宗右姓，家僮不下三四千人，雄长里闾。"[1]乾隆年间方苞说，"约计州县田亩，百姓所自有者，不过十之二三，余皆绅衿商贾之产"，而这些绅衿等业主的"地亩山场，皆委之佃户"。[2]

　　在农业依然占主体地位的明清社会，受到身份保护的士绅成为乡村土地、劳动力等资源的主要拥有者与经营者，这无疑是农业经济发展的保障。而"由于农业、农村、农民经济发展拉动下，手工业得到迅速发展，原来的市场设置已满足不了需要，人们要求有更多市集墟场建设，以方便经济生活日益增多的需求，于是市场数量越来越多，市场的规模也越来越大"。[3]大商人资本的出现也正是以此为基础形成的，而国家关于商品流动和市场管理的一系列政策只不过是顺应潮流和锦上添花而已。即

---

①（清）缪荃孙等修纂：光绪《湖北通志》卷69《武备七·兵事三》，商务印书馆民国二十三年（1934）影印本，第1790页。

②（清）方苞：《方苞集·集外文》卷1《请定经制札子》，刘季高校点，上海古籍出版社1983年版，第533页。

③江太新：《三农与市场——以明清经济发展为例》，《中国经济史研究》2005年第4期。

便在市场之中，相比于国家的开明政策，士商合流与商人获得政治身份则可能是更为切实和可靠的保护。虽然存在被称为"故家大族"的大官僚凭特权肆意非法经营的情况，但一般士绅当仅可争取自保，而没有身份保护的"大贾富民"则往往遭到贪官污吏的横征暴敛、巧取豪夺，以至有人大声疾呼要"惩墨吏，纾富民"。[1] 所以"自万历以后，天下水利、碾硙、场渡、市集无不属之豪绅，相沿以为常事矣"。[2] 士绅对于财富和经济的垄断既多，收入亦极为丰厚。如据学者们的初步估算，到19世纪晚期时，仅占总人口2%的士绅，年总收入为6.75亿两银子，约占国民生产总值的24%。在其总收入之中，农企等经营收入约占一半，而他们的人均可支配收入为普通百姓的17倍多。[3]

---

① (明)王夫之：《黄书·大正第六》，船山全书编辑委员会编校：《船山全书》第12册，岳麓书社1988年版，第527—530页。
② (清)顾炎武著，(清)黄汝成集释：《日知录集释(全校本)》卷13《贵廉》，栾保群等校点，上海古籍出版社2006年版，第792页。
③ 张仲礼：《中国绅士的收入》，费成康等译，上海社会科学院出版社2001年版，第324—330页。

第三节　士绅成为乡村控制体系的中心

绅权的扩张和士绅掌控文化霸权、垄断经济资源局面的形成,导致国家乡治主体由轮差富民逐渐转向依赖士绅,使士绅阶层逐渐成为乡村控制体系的中心。

一、轮差应役的富民头首的身份序列日趋下降

唐宋以来,富民依靠其在社会经济关系中所取得的主导支配地位,充任国家基层政权头首,负责征发赋税和维持地方治安等事务,逐渐成为国家乡村统治的主体。[①]从明初到近代社会变革以前,国家基层政权的设置先后经历了里甲制、里甲制与保甲制并存和保甲制三个阶段,并且无论是哪个阶段,国家选派富民充当基层政权头首的基本原则始终未变。但由于富民追求士绅化和国家赋役的盘剥,非身份性富民头首的经济势力与社会影响力整体都呈下降的趋势。

[①] 薛政超:《唐宋"富民"与乡村社会经济关系的发展》,《中国农史》2011年第1期。

（一）财力之大小有差别

如粮长之佥派，明前期非选"殷实大户"不可，[①]至其后期则出现"仅仅三百二十亩之家，十年中迭支两役"的情况。[②]粮长之任期也从长到短，其职务从一人包揽到数人分工，甚至数十人朋充，[③]而背后的主要原因就在于"民贫不能充其选"，[④]其所反映的也是充任粮长的民户财力的差别。正由于明中后期充任粮长者不是真正的大户，才出现以"义田"或"役田"的形式，由全体粮户补助粮役的费用。[⑤]又如里长之选，明前期尚有"千亩上下"的"大户"，[⑥]后期则由"三百余亩之家"或"二百亩之家"的"小户"为之，甚至出现由民户拼凑"三百二十亩"役

① （明）申时行等修，（明）赵用贤等纂：《大明会典》卷29《户部·征收》，《续修四库全书》第789册，上海古籍出版社2001年版，第531页。

② （清）顾炎武：《天下郡国利病书·浙江下》，《续修四库全书》第597册，上海古籍出版社2001年版，第36页。

③ 梁方仲：《明代粮长制度》，上海人民出版社2001年版，第67页。

④ （清）顾炎武：《天下郡国利病书·浙江下》，《续修四库全书》第597册，上海古籍出版社2001年版，第36页。

⑤ 梁方仲：《明代粮长制度》，上海人民出版社2001年版，第94页。

⑥ （明）陈龙正：《几亭全书》卷27《辛未均役条议》，《四库禁毁书丛刊·集部》第12册，北京出版社2000年版，第212页。

田，而"以田多者为役头，田少者为甲首"的局面。①

　　清前期所推行之里甲制，虽仍强调其头首要田多之
"富民"担任，但"在图承役者悉属贫民小户"的情况依
然较为普遍。②就连原本要"殷实户"充任的非职役性质
的明里老人，到后期不少地方也"悉以小姓充之"。③明
代的保甲长，官府规定要德高望重的富民充任，清代之保
甲长，也规定从殷实老成、人丁兴旺且受各方认可的富民
中佥选，④而在实行的过程中，"充其任者皆愚弱无能之

① （明）樊维城等纂修：天启《海盐县图经》卷6《食货篇第二之下·役
　　法》，《四库全书存目丛书·史部》第208册，齐鲁书社1996年版，第
　　426页。

② （清）储方庆：《田役》，（清）魏源：《皇朝经世文编》卷33，《魏源全
　　集》第14册，岳麓书社2004年版，第821—822页；（清）李复兴：《均
　　田均役议》，（清）魏源：《皇朝经世文编》卷30，《魏源全集》第14
　　册，岳麓书社2004年版，第714页。

③ （清）王基巩主修：康熙《安乡县志》卷3《赋役志下·乡约》，《日本藏
　　中国罕见地方志丛刊》，书目文献出版社1992年版，第248页。关
　　于里甲老人的非职役性质，参考杨国安：《明清两湖地区基层组织
　　与乡村社会研究》，武汉大学出版社2004年版，第202—203页。

④ （明）海瑞：《保甲告示》，陈义钟编校：《海瑞集》上编三《淳安知县时
　　期》，中华书局1962年版，第182页；（清）黄六鸿：《福惠全书》卷21
　　《保甲部·选保甲长》，《官箴书集成》第3册，黄山书社1997年版，
　　第451页。

徒"。^①李雯《蓼斋集·赋役》言:"向之所役上户者,今及中户矣,向之为中户者,今及下户矣。"^②可说是对明清乡村役首财力变化的最好概括。

(二)社会之地位有优劣

如粮长的社会地位从"煊赫如官府",逐渐没落成为痛苦的差役;对其称呼最初有"大粮长"、"总粮长"等,后来或仅称为粮长,或"变而为收头、解头"之类;富民大户也由以充任粮长为荣,到以千方百计逃脱此役为幸。^③明前期的里甲"首长之役,择其望族",又"长吏待之甚优",甚而一度用永充制,所以不仅官府"如以臂而运指",成为基层管理"甚善"之法,而富民亦"得与里长

① (清)葛振元等修纂:光绪《沔阳州志》卷11《艺文志·刘掞:乡保论》,《中国地方志集成·湖北府县志辑》第47册,江苏古籍出版社2001年版,第599页。

② (清)李雯:《蓼斋集》卷43《策三·赋役》,《四库禁毁书丛刊·集部》第111册,北京出版社2000年版,第595页。

③ 梁方仲:《明代粮长制度》,上海人民出版社2001年版,第2—3、67、84页;(明)萧璞等纂修:嘉靖《蕲水县志》卷1《徭役》,上海古籍书店1963年影印本。

为荣"。^①后期随着被佥选者财力的下降,里长也不再是一里之望族,再加上"有司不长之",而平日又疲于"供张",富民"不乐为"之,"以免为幸"。^②清初里长由于供应浩繁,疲困莫支,部分地区曾一度出现大规模逃亡的事件。^③

明初里老人之选,政府看中的是其本身所拥有的威望和公信,同时又赋予其"参议民间利害及政事得失"职责,以至被称为"方巾御史"。至其后时,有的里老人或"不堪任事",毫无威信可言,或一度"议不复置",成为一个可有可无的职位,^④亦或仅听命于官,"故稍知廉耻

---

① (清)顾炎武:《天下郡国利病书·山东上》,《续修四库全书》第596册,上海古籍出版社2001年版,第401页;(明)叶恒嵩等修纂:嘉靖《南宫县志》卷1《地理志·里甲》,嘉靖三十八年(1559)刻本;(明)邓迁等修纂:嘉靖《香山县志》卷2《民物志·徭役》,《日本藏中国罕见地方志丛刊》,书目文献出版社1991年版,第315页。

② (明)叶春及:《石洞集》卷10《志论一·顺德县·里役议》,《景印文渊阁四库全书》第1286册,台湾商务印书馆1986年版,第576页。

③ 杨国安:《明清两湖地区基层组织与乡村社会研究》,武汉大学出版社2004年版,第165页。

④ (明)韩浚等纂修:万历《嘉定县志》卷6《田赋考中·徭役》,《四库全书存目丛书·史部》第208册,齐鲁书社1996年版,第762页;(清)王基巩主修:康熙《安乡县志》卷3《赋役志下·乡约》,《日本藏中国罕见地方志丛刊》,书目文献出版社1992年版,第248页。

之人不肯为此"。①到明末清初，国家基层组织的头首由于"无身家体面"，其社会地位普遍都在下降，"无论里排与粮长不相上下，即甲下花民（甲首）亦与里排抗礼，毫无尊卑矣。此风处处皆然"。②明清之保甲长，本为强化基层控制而设，但因役繁事重，被社会之人称为"乡保贱役"，③一般"公正者耻与下役（即保甲长）为伍"，"催充罔应"，"大抵端方正直之人"，力避之"以为安"。④

（三）脱离"民望"的"经纪人"的出现

明代以里甲为中心的乡村控制体系，本希望利用在现有的社会经济关系结构中处于顶端地位的富民大户发挥领导与核心作用，乡治头首一般在本区域民众中负有

① （清）顾炎武著，（清）黄汝成集释：《日知录集释（全校本）》卷8《乡亭之职》，栾保群等校点，上海古籍出版社2006年版，第476页。
② （清）曹焯纂：顺治《庵村志·风俗》，《中国地方志集成·乡镇志专辑》第11册，江苏古籍出版社1992年版，第691页。
③ （清）葛振元等修纂：光绪《沔阳州志》卷11《艺文志·刘掞：乡保论》，《中国地方志集成·湖北府县志辑》第47册，江苏古籍出版社2001年版，第599页。
④ （清）李彦章：《禀行保甲十家牌简易法》，《古代乡约及乡治法律文献十种》第2册，黑龙江人民出版社2005年版，第195页；雷飞鹏等纂修：民国《蓝山县图志》卷10《户籍篇第四下》，《中国方志丛书·华中地方》第110号，台湾成文出版社有限公司1970年版，第855页。

威望与公信,通过"民推官任"而走上前台,所以他们一方面要完成官府交办的赋役征纳与社会教化等任务,另一方面也承担着守望乡里、维护地方利益的职责。而对于掌握着乡治头首佥选最后决定权的地方官吏而言,前者最为重要,也最为迫切,同时作为现实中的利益个体,他们也往往倾向于利用佥选权为自身谋利,所谓"经纪"式的基层头首就这样应运而生。

明中叶时,就有狡伪无赖之徒,通过"称贷贿嘱"官员而干佥收头(粮长之变种),包揽钱粮,上下侵渔,使官民俱困。①明初里老人,本设以"教小民、决小讼,必须年高有德者为之",后渐"多不出于推择,悉是以贿求充,妄讦上官,侵害下民,以私灭公,无所不至","而愿为之者大抵皆奸猾之徒","其与太祖设立老人之初意悖矣"。②明清之里长,亦有"奸宄包揽承当,派一科十,攘肌入骨"

---

① (明)萧璞等纂修:嘉靖《蕲水县志》卷1《徭役》,上海古籍书店1963年影印本。

② 《明宣宗实录》卷47,宣德三年九月乙亥,台湾"中研院"史语所1962年校印本,第1148页;(清)顾炎武著,(清)黄汝成集释:《日知录集释(全校本)》卷8《乡亭之职》,栾保群等校点,上海古籍出版社2006年版,第476页。

者。①其保甲之长,也有"平数素不为众人推服"者,或"市井游惰之徒,多藉此以行便"。②官府佥选无赖之徒征收赋役,实际也是富民普遍士绅化之后,非身份性富民数量减少,良莠不齐,其经济势力与道德威望难以服众的集中反映。

非身份性富民的社会经济势力下降,也就决定了由他们充任头首的基层社会"身份序列关系"的解体,③乡村政权难以继续履行"催办钱粮,勾摄公事"等基本职责。④如明中后期里甲制度的编查户口、催征钱粮、劝督农耕、协调纠纷、协理诉讼诸职能,都在不同程度上出现松弛。自后明清政府相继进行了一条鞭法与摊丁入亩等赋役制度改革,赋役征收通过定额化、折银化及自封投柜等方法,简化了征收手续,官府可自征自解,使得里甲仅

① (清)康善述等纂修:康熙《阳春县志》卷10《赋役下》,《日本藏中国罕见地方志丛刊》,书目文献出版社1992年版,第240页。

② (清)褚瑛:《州县初仕小补》卷下《团练保甲》;《官箴书集成》第8册,黄山书社1997年版,第769页;雷飞鹏等纂修:民国《蓝山县图志》卷10《户籍篇第四下》,《中国方志丛书·华中地方》第110号,台湾成文出版社有限公司1970年版,第855页。

③ (日)小山正明:《明代的粮长》,《日本学者研究中国史论著选译》第六卷《明清》,中华书局1993年版。

④ 《中华传世法典·大明律》卷4《禁革主保里长》,怀效锋点校,法律出版社1998年版,第49页。

有的赋役功能也被进一步弱化甚至剥夺。里甲的各项实际职能在事实上被逐渐架空,至雍乾年间最后被保甲制完全取代。①随着乡村里甲制的衰落,另一国家基层组织——保甲制则自明中叶以后逐渐兴起。它一开始"只是部分替代或弥补里甲制在社会控制方面的职能",并"被置于里甲之下"。②到清朝前期,保甲的主要职责仍然是"弭盗逃而严奸宄",③而自清中叶以后,与里甲逐渐合流,承担起"一切户婚、田土、催粮、拘犯等事"。④清代保甲制度与明代时相比,虽然有了完整的和全国统一的法律规定,而从实际运用的效果来看,"保甲制度总的来讲是没有效率的",⑤其命运与逐渐废弛之里甲并无二致。

---

① 杨国安:《明清两湖地区基层组织与乡村社会研究》,武汉大学出版社2004年版,第50、68页。

② 杨国安:《明清两湖地区基层组织与乡村社会研究》,武汉大学出版社2004年版,第54页。另参考唐文基:《明代赋役制度史》,中国社会科学出版社1991年版,第343页。

③ (清)黄六鸿:《福惠全书》卷21《保甲部·总论》,《官箴书集成》第3册,黄山书社1997年版,第449页。

④ 《清朝文献通考》卷24《职役考四》,商务印书馆民国二十五年(1936)影印本,第5062页。

⑤ 瞿同祖:《清代地方政府》,范忠信等译校,法律出版社2003年版,第253—254页。

二、士绅逐渐成为乡村控制体系的中心

随着非身份性富民及基层政权在国家乡治中作用的减弱，获得身份保护的富民阶层——士绅逐渐替代其成为国家乡村控制体系的中心。自明初以后，士绅的数量不断增多，他们在基层社会中的势力与影响日益扩大，乡村社会中权力结构的这种改变，却始终未能反映到国家基层政权头首的身份构成上。造成这种现象的原因，则是来自于国家政策的矛盾性：既要富民充任和承担基层职役，以发挥乡治头首的作用，又认可和鼓励富民士绅化，给予其优免赋役的特权。但国家并没有受基层政权的限制，而是通过采取制度性的措施，将士绅纳入乡村控制体系的范围，使其替代非身份性富民成为乡治的主体。

（一）官府试图将士绅纳入保甲组织，甚至要求他们参与推选保甲长，负责"办理"保甲等

如在保甲实行的初期，地方绅衿之家并不在编排保甲之列。而至明末，地方绅衿家人也被编入保甲，与百姓一体负责守更夜巡的任务。清王朝曾反复地尝试过将民众的所有阶层纳入这一制度，包括地方士绅，他们也要和

平民一道登记。[①]清廷又明文规定士绅应参与"公举"保甲长,[②]还有地方官员推行保甲时要"绅耆董司其事"。[③]而从实际效果来看,事情却朝着相反的方向发展。康熙时官箴提供的"保甲册式"规定在"本乡保甲之外",再提供"乡绅若干户,举人若干户,贡生若干户,监生若干户,文生员若干户,武生员若干户"的情况,[④]可见保甲民户与士绅户并未混一编排乃是此时的普遍现象。且"大量的事实表明,绅士们阻碍了保甲制的实施,并拒绝提供登记他们及其家属姓名等情况"。[⑤]对于此番局面,有学者将之形容为"士绅阶层超越保甲控制",并将其原因归之于"在士绅阶层的抵制下,出任保甲组织的首领很难

_____

① (韩)金钟博:《明清时代乡村组织与保甲制之关系》,《中国社会经济史研究》2002年第2期。
②《清朝文献通考》卷24《职役考四》,商务印书馆民国二十五年(1936)影印本,第5062页。
③ (清)戴杰:《敬简堂学治杂录·查办保甲禀》,《官箴书集成》第9册,黄山书社1997年版,第56页。
④ (清)黄六鸿:《福惠全书》卷21《保甲部·保甲册式》,《官箴书集成》第3册,黄山书社1997年版,第456—457页。
⑤ (美)Kung-chuan Hsiao. *Rural China: Imperial Control in the Nineteenth Century.* Seattle: University of Washington Press,1960,p.27.

获得社区居民的认同从而有效地完成其职责"。[①]笔者认为，士绅阶层超越保甲的控制，实际上是获得了国家政治权力保护的结果，表明国家仅着眼于保甲是无法达到利用士绅的目的的。

（二）利用会社、乡约和宗族等乡村民间组织，发挥士绅为国家实施基层控制的作用

如明清时期的会社，作为一种基层自设组织，借助节日聚会、赈助贫弱和维持治安等手段，实行一定程度的自治，而在其中发挥主导作用者无外乎士绅富户。[②]明清日益普及的乡约承担着乡村教化等众多职能，分为民众自倡自办、官倡官办、官倡民办、官督民办等形式，尤以后两种居多，与官府关系也日益密切。[③]但无论是何种形式，其约长、副均主要推举"有恒产而行义为一乡信服"

---

① 王先明：《晚清士绅基层社会地位的历史变动》，《历史研究》1996年第1期。

② 王日根：《明清民间社会的秩序》，岳麓书社2003年版，第381—393页。

③ 曹国庆：《明代乡约推行的特点》，《中国文化研究》1997年第1期；常建华：《乡约的推行与明朝对基层社会的治理》，《明清论丛》第4辑，紫禁城出版社2003年版；王日根：《论明清乡约属性与职能的变迁》，《厦门大学学报（哲学社会科学版）》2003年第2期。

的"乡官、举贡生员"等"绅士耆民"担任。①宗族自古以来就发挥着"敬宗收族"的作用,明清之际的国家还利用其加强基层控制。自明中叶开始,朝廷允许"庶民户"建置家庙祠堂,并鼓励他们设立族田、义庄,由此让宗族实现了"民众化"或普及化,并发挥其内部的贫富相恤与增强家族的凝聚力的作用,其"掌握者"和"捐助者"也是绅衿和富民。"祠堂成了官府、绅衿富民共同利用的社会组织,而最主要的是为政权服务"。②正是凭借这些民间组织及其他社区事务的参与形式,士绅在基层社会发挥着极其重要而又非常广泛的作用。③

---

① (明)郭应聘:《郭襄靖公遗集》卷12《乡约保甲议》,《续修四库全书》第1349册,上海古籍出版社2001年版,第264页;(清)严如熤:《三省边防备览》卷12《策略》,清道光十年(1830)重刊来鹿堂藏版,第28页。

② 李文治:《明代宗族制的体现形式及其基层政权作用——论封建所有制是宗法宗族制发展变化的最终根源》,《中国经济史研究》1988年第1期;李文治、江太新:《中国宗法宗族制和族田义庄》,社会科学文献出版社2000年版,第189页;冯尔康:《清代宗族制的特点》,《社会科学战线》1990年第3期;杨国安:《明清两湖地区基层组织与乡村社会研究》,武汉大学出版社2004年版,第272—274页。

③ 关于士绅在明清社会的作用,相关论著非常之多,比较全面的有:(美)费正清:《美国与中国》,张理京译,世界知识出版社1999年版,第36—37页;张仲礼:《中国绅士:关于其在19世纪中国社会中作用的研究》,李荣昌译,上海社会科学院出版社1991年版,第54页。

（三）让乡村控制体系中的官民组织既分立又融合，对士绅的主导作用既鼓励又制约

自明中叶以来，国家根据乡村中优势社会阶层变动的趋势，一方面改变基层政权的组织形式，逐渐由里甲制过渡到保甲制，另一方面又倡导设立会社、乡约、宗族等民间组织，前者一般由非身份性富民领导，后者的领导则主要是士绅，也包括一部分非身份性富民。这种制度设计的目的，很明显有三个层面：一是以免充基层贱役的方式，承认士绅业已取得的特权，由此对士绅形成一种事实上的保护。二是在国家正式基层政权之外，倡导设立各种形式的民间组织，为发挥士绅领导乡里服务官府的作用提供舞台。三是要让普通富民对士绅形成一种牵制或制约，使其权威不致过度膨胀。关于第一、二点，前文论述已有清楚的说明，无须赘言。至于第三点，已有不少学者注意到，如后文所举刘志伟之论即为一例。另有萧公权指出："保甲长多非士绅，此乃清廷政策，欲藉保甲长之权力以压制绅权，免得士绅在地方上权威过大。"① 美国学者孔飞力也认为："(保甲) 这一制度的一个特征显然

---

① (美) Kung-chuan Hsiao. *Rural China: Imperial Control in the Nineteenth Century*. Seattle: University of Washington Press, 1960, pp.68-69.

是企图提供一种平衡力量,以制约绅士在其地方社会中早已存在的重要影响。"①

要特别指出的是,自明代中期以后,国家用于基层控制的官民组织的职能渐呈互补与融合的趋势。这不仅表现在不同组织所承担的主要职责有所差别,在乡治中扮演着不同的角色,如会社主贫富互助,乡约主社区教化,宗族主族众整合,里甲与保甲主赋役征收和安民弭盗,而且也表现为不同组织在职能上的相互交错、转移,以及乡约等民间组织的行政化趋势。如保甲有时还要负责宣讲圣谕等教化事宜。②乡约所承担的基层行政管理职能不断强化,乡约出现官役化的倾向,使里甲、保甲的职能部分地向其转移,以弥补因里甲制衰落和保甲制效果不佳造成的功能缺位。③宗族宣讲圣谕、乡约等,要求族人和族有经济按时完纳赋税和服徭役,强化地方治安等。④到雍正、乾隆时,出现"约保"、"乡保"、"地保"和"族保"

---

① (美)孔飞力:《中华帝国晚期的叛乱及其敌人:1796—1864年的军事化与社会结构》,谢亮生等译,中国社会科学出版社1990年版,第27页。

② 张德美:《清代保甲制度的困境》,《政法论坛》2010年第6期。

③ 段自成:《清代乡约基层行政管理职能的强化》,《河南师范大学学报(哲学社会科学版)》2011年第2期。

④ 冯尔康:《清代宗族制的特点》,《社会科学战线》1990年第3期。

等称呼,也反映了地方基层组织相互渗透的关系。[1]正因为明清的各类基层组织在职能上存在互补与融合的关系,有不少官员提出要将之主要者合并,以更好地发挥其效用。如有的地方官员就主张将"乡约、保甲……举而一之"。[2]但直到晚清保甲变为团练之前,除了有些地区的家族组织已直接演变为基层政权组织,[3]国家一直没有让它们在组织架构上实现真正意义上的合并,国家对士绅作用的制约,由此又可见一斑也。

综上所述,国家设置里甲、保甲为基层政权,又鼓励倡设以乡约为中心的民间组织,前者一般以富民为头首,后者则多由士绅领导,同时也有普通富民参与其中。为了发挥士绅作为优势社会阶层的主导作用,以弥补非身份性富民所主导的国家基层政权治理功能的不足,政府主导着乡约、宗族等民间组织的官役化倾向,使里保组织

---

[1] 常建华:《乡约·保甲·族正与清代乡村治理——以凌燽〈西江视臬纪事〉为中心》,《华中师范大学学报(人文社会科学版)》2006年第1期。

[2] (清)刘昌绪等修纂:同治《黄陂县志》卷15《艺文志中·杨廷蕴:乡约保甲合一议》,《中国方志丛书·华中地方》第336号,台湾成文出版社有限公司1976年版,第1854页。

[3] 郑振满:《明清福建家族组织与社会变迁》,湖南教育出版社1992年版,第242—257页。

的职能逐渐向其转移,而各民间组织之间也表现出了功能上的互补与融合。为了限制士绅之势力过度膨胀,国家始终坚持各官民组织机构的相对独立性,让非身份性富民等其他社会力量在对士绅发挥辅助作用的同时,又能对之加以制约。另外,从一条鞭法到摊丁入亩,国家在赋税征收等基层控制职能上的加强,也使官府之吏胥成为乡村社会治理中的一支重要制衡力量。正如刘志伟所论,这一时期的政府要实现对基层乡村社会编户齐民的控制,就必然需要依赖种种中介势力,从而为种种中介提供了一种空间。在这个空间中,宗族、士绅、吏胥等中介势力在社会控制体系中扮演着更加重要的角色。他们既作为政府和民间社会的中间人,又分别在不同场景下扮演双方的"同谋"或"对手",他们自己还与政府或民间社会有利益的冲突,在影响和左右政府与社会的运作的同时,又受政府和民间社会的制约。清代中期以后的社会秩序,在这种复杂的矛盾关系中形成了某种平衡和稳定的机制。①而某学者由此提出的所谓明清士绅自治、

---

① 刘志伟:《在国家与社会之间:明清广东里甲赋役制度研究》,中山大学出版社1997年版,第13页。

官方监督的社会模式实际是并不存在的。[①]

第四节　士绅精神
规定庶民文化的价值维度

　　唐宋以来经济力量崛起的另一重要影响，则是社会文化发展的平民化或庶民化，也可称之为世俗化、大众化、通俗化。首先，是文化教育的大众化。其次，是文化等级性的破坏。再次，是文化心理的世俗化，即诸文化载体中所表现出来的大众化的物欲心理倾向。[②]

　　唐宋富民之所以能将汉唐贵族型文化转变为平民型文化，关键在于他们拥有雄厚的财力和在乡村的广泛分布，由此充当起了乡村文化建设的领导者与文化权力的掌握者。到了明清时期，乡村及社会文化领导者的地位则逐渐由普通富民让渡到其士绅化的群体。士绅的领导地位，一方面表现为如前所述的通过垄断科考知识的学习和儒家知识体系的解释与运用，从而掌握了文化话语

---

①（加）卜正民：《为权力祈祷：佛教与晚明中国士绅社会的形成》，张华译，江苏人民出版社2008年版，第117页。

②薛政超：《唐宋国家土地与赋役职能之转变：立足于"富民社会"的考察》，云南大学博士后出站报告，2010年，第82—86页。

权即文化霸权,另一方面则体现在通过对自身价值观念和行为准则的塑造、践行和宣扬,更为深层次地影响到社会民众的精神风貌与心理定势。温铁军曾用"国权不下县"来概括传统乡治的特点,即"县下惟宗族,宗族皆自治,自治靠伦理,伦理造乡绅",其中特别强调了乡绅伦理在乡村自治中的作用。[1]费正清也认为士绅在日常互动中"给公众生活定下调子"。[2]我们认为,所谓的自治伦理和生活调子,就是指生活的态度、日常的礼仪规范和价值取向等。另外,士绅群体推动创立"实学",建立起有关于自身及社会发展的完整的意识形态。这些既是构成明清士绅精神的几个主要方面,同时也是由士绅规定的庶民文化价值的基本维度。

一、倡导治生理念,追求独立人格

(一)将治生与读书相提并论,并将治生视为第一要务

在唐宋以前,由于门阀世袭,"士之子恒为士",富者

---

① 秦晖:《传统中华帝国的乡村基层控制:汉唐间的乡村组织》,黄宗智主编:《中国乡村研究》第1辑,商务印书馆2003版。

② (美)费正清:《美国与中国》,张理京译,世界知识出版社1999年版,第36—37页。

与贵者必然重合，只要读书入仕就意味着解决了治生的问题，所以时人认为"积财千万，……无过读书也"，将读书置于治生之前。而自宋元至明清，富与贵相分离，"非父兄先营事业于前，子弟即无由读书，以致身通显"，即只有富民之子弟才有望读书成士和入仕为官。同时由于国家俸给有限，若不贪污受贿，一般之士大夫必须"兼农桑之业，方得赡家"，而"未仕者又必先有农桑之业，方得给朝夕，以专事进取"。①这种历史变动与社会现实，对出身于富民阶层的士绅来说，应该是深有同感的。他们所提倡的"以读书治生为对，谓二者真学人之本事，而治生尤切于读书"等理念，②可以说正是这种感受的反映与总结。

不仅如此，他们的这些理念还被广泛接受，成为一种普遍认可与推崇的社会观念，影响着各个阶层大众人生道路的选择。如前文曾提到的"由富而士"在各社会阶层的上升途径中占主导地位，一方面反映出这是当时经

---

① 王利器：《颜氏家训集解（增补本）》卷3《勉学第八》，中华书局1996年版，第157页；（清）沈垚：《落帆楼文集》卷24《费席山先生七十双寿序》，《续修四库全书》第1525册，上海古籍出版社2001年版，第664页。

② （清）陈确：《陈确集·文集》卷5《学者以治生为本论（丙申）》，中华书局1979年点校本，第158页。

济与社会运行不可逆转的客观规律,另一方面也表明社会民众有积极适应这一规律的主观认识与人生规划。明中叶以后"弃儒就贾"、"右贾而左儒"、"固商而兼士"现象的广泛出现,①以及在一些地区凸显的"若岁时无丰食饮,被服不足自通,虽贵官巨室,闾里耻之"的世俗观念,②都很有典型性。士绅们对治生的重视和对经济自主性的追求,反映在其哲学思想上,则是"百姓日用即道"命题的提出及其广泛影响。③

(二)治生理念的日趋成熟及其具体化与指南化

这一点在作为社会经历、人生感悟与治家理念最集中反映的明清士绅家训中就有很好的展现。中国很早就

---

① (清)汪琬著,李圣华笺校:《汪琬全集笺校·钝翁续稿》卷24《乡钦宾八十翁席公仲远墓志铭》,人民文学出版社2009年版,第1574—1575页;(明)汪道昆:《太函集》卷54《明故处士溪阳吴长公墓志铭》,《四库全书存目丛书·集部》第117册,齐鲁书社1997年版,第650页;许承尧:《歙事闲谭》卷18《歙风俗礼教考》,李明回等校点,黄山书社2001年版,第603页。另参考余英时:《士商互动与儒学转向——明清社会史与思想史之表现》,收入氏著:《现代儒学论》,上海人民出版社2010年版。

② (明)张瀚:《松窗梦语》卷4《商贾记》,盛冬铃点校,中华书局1985年版,第84页。

③ 张琀:《多元社会中知识份子的经济自主与社会定位——以明代泰州学者王艮为例》,《东华人文学报》2001年第3期。

有家训的传统，但最早谈及治生问题的家训，当是宋人叶梦得的《石林家训》，后来还有南宋袁采的《袁氏世范》和元代郑太和的《郑氏规范》等，这些家训标志着"富民社会"形成与发展期的社会主导阶层治生思想的发端。而在明清士绅家训中，则表现了非常成熟的治生思想与理念。第一，论及治生的家训大量涌现，而此前的家训中论及治生思想的尚不具有如此普遍性。第二，出现了专论治生的治生家训，不但涉及治生的重要性，还具体叙述治生的内容与方法，而此前的家训中尚未见有单独成篇的治生家训，其治生思想尚不具有如此深入性。第三，治生的职业期许多元化，他们不但提倡"工商皆可"，甚至有些还提出佣工度日也未尝不可的观点，而明清之前家训中的职业期许，主要还是局限于耕读两项，其治生思想尚不具有如此多元性。[①]

明清时期的商业发达，出现士商合流趋势，他们出于学习经商之道、适应商海竞争的需要，撰写了许多日用类书，其中有些即属专门性的商业用书，如黄汴《一统路程图记》、鼎锲《商贾指南》、吴中孚《商贾便览》和王秉元

---

① 王瑜等：《明清士绅家训中的治生思想成熟原因探析》，《河北师范大学学报（哲学社会科学版）》2009年第2期。

《生意世事初阶》等，其所纂内容不仅有水陆路程、商业条规、物价、商品生产、流通、市场、经营方法等经商必备基本知识方面的内容，还包括商业道德、经商行为准则、行为规范等方面的内容。[1]这些商书比较真实地记录了商人的经商之道及经营形态，也反映出士商群体已形成完整的治生理念并将之具体化与指南化的趋势。另外，明清士绅为在豪奢饮食风尚中引领"雅"的品位与士人群体的自我认同，着手撰写并刊行了大量饮膳书籍或食谱，其中不但详细介绍了各类菜食的制作方法，还大谈特谈各种味觉感官，并有越来越复杂化与深化的趋势。这也当可视为士绅群体将其治生理念甚至人生态度、价值取向等具体化与指南化的典型体现。[2]

（三）重视治生的目的在于追求独立人格，为出入仕途提供保障

唐宋以来富与贵相分离的趋势，以及国家所提供的正常俸入又非常有限的现状，使士大夫们认识到只有拥

---

[1] 张海英：《明清社会变迁与商人意识形态——以明清商书为中心》，复旦大学历史系编：《古代中国：传统与变革》，复旦大学出版社2005年版。

[2] 巫仁恕：《明清文人品位的演化与延续——以饮食文化为例》，明清教学史料与文献网站资料：www2.scu.edu.tw/history，2007年。

有一定的赀产才能为出入仕途、保持气节提供可靠的保障。如宋代士人即言："人生不可无田，有则仕宦出处自如，可以行志。不仕则仰事俯育，粗了伏腊，不致丧失气节。有田方为福，盖福字从田、从衣。"[1]士大夫若能进入仕途官场，大都可凭借身份影响通过正当经营或非法贪贿获得物质保障，如明代之官员，就能享受到"钟鸣鼎食，肥马轻裘"的生活。[2]而对仅有一般士绅身份者而言，虽也享有优免赋役及禀粮、学田和膏火等经济待遇，使自己或家族原有的赀产有份保障，同时也能获得一份收入，但通过读书争取入仕的过程所耗资费和精力不少，往往需要自身或家庭家族成员的治生经营才能维持日常生计。若不能如此，就会陷入相对贫困化的境地。这样不但会遭人白眼，不受人待见，还要为生计奔波，影响学业，甚至寄人篱下，无力交游。[3]所以士绅们宣称，"我之

① (宋)周辉著，刘永翔校注：《清波杂志校注》卷11《常产》，中华书局1994年版，第469页。

② (清)计六奇：《明季北略》卷12《陈启新疏三大病根》，魏得良等点校，中华书局1984年版，第194页。

③ 张仲礼：《中国绅士：关于其在19世纪中国社会中作用的研究》，李荣昌译，上海社会科学院出版社1991年版，第190—192页；陈宝良：《明代生员层的经济特权及其贫困化》，《中国社会经济史研究》2002年第2期。

以贾为生者,人以为辱其身,而不知所以不辱其身也",①主张"与其不治生产而乞不义之财,毋宁求田问舍而却非礼之馈"。②于是他们或"垦田度地,累致千金",或"居于市廛,日食不匮",由此获得经济上的独立,以求"随寓即饶足"而无须"降志屈身"之"士道"。③

又如前所述,士绅与官员在社会各阶层中处于较高等级,其所容纳人数是有限制的,富民这一阶层虽然在社会总人口中所占比例也不大,但没有人为设置的门槛。民众只要拥有一技之长便有可能晋升大商富民之列,而科举之道,仅取文才,看似公平,但并非人人适应。再加上社会人口不断增加,而科取人数始终限制在一定规模,两者成功的比例有天壤之别,用时人的话来说,是"士

---

① (清)唐甄:《潜书注》上篇下《养重》,四川人民出版社1984年校注本,第273页。
② (清)钱大昕:《十驾斋养新录》卷18《治生》,陈文和主编,孙显军等点校:《嘉定钱大昕全集》第7册,江苏古籍出版社1997年版,第506页。
③ (清)全祖望:《鲒埼亭记》卷12《亭林先生神道表》,朱铸禹汇校集注:《全祖望集汇校集注》,上海古籍出版社2000年版,第231页;(清)唐甄:《潜书注》上篇下《养重》,四川人民出版社1984年校注本,第263页。

而成功也十之一,贾而成功也十之九"。^①当然这只是一个大概的主观感受,并非精确的统计数字。而据较为可靠的相关统计,在明中后期,秀才只占识字男人的1%,^②而每一生员在三年之内中举成功的比例仅为三十分之一。^③至于清代的情况,当如前文所述,成功的比例要比明代更低。所以有能力之人往往退而求其次,同前举"弃儒从贾"者一样,优先选择争取成为富民,这是力求为精英者的一种明智的选择,这样也为其中之佼佼者出入仕途提供了良好的物质基础。总之,士绅通过治生,无须依赖政治手段和攀附势力就可获致经济自足自主与人格独立自尊的地位,既能超然于社会,又不脱离教化与针砭现实的社会责任,反映了社会变革时期知识分子对自身社会价值定位的新取向。^④

---

① 吴吉祜辑:《丰南志》卷6《艺文志下·吴自有:百岁翁状》,《中国地方志集成·乡镇志专辑》第17册,江苏古籍出版社1992年版,第378页。

② (美)张春树等:《明清时代之社会经济巨变与新文化》,王湘云译,上海古籍出版社2008年版,第216页。

③ 余英时:《士商互动与儒学转向——明清社会史与思想史之表现》,收入氏著:《现代儒学论》,上海人民出版社2010年版。

④ 张珽:《多元社会中知识份子的经济自主与社会定位——以明代泰州学者王艮为例》,《东华人文学报》2001年第3期。

二、消融文化等级性，引领雅俗时尚文化

这突出体现在宗法文化与礼文化上。宗法文化是以一定地域为基础、以血缘关系为纽带并以父(夫)权、族权(家长权)为特征的宗族或家族文化。若从宏观的历史与社会视野来看，中国古代家庭制度的发展，经历了一个由魏晋隋唐时期的贵族型家族制度向明清之际的普及型家族制度演变的过程，而两宋则处于此转变的中间阶段，并为普及型家族制度的发端时期。[①] 自宋代发端的普及型家族制度，无非是以"贫富相资"之基本形式，实现"手足相托之义"，也就是"富者出资以辑其宗族，贫者食粟以兴善行"的"正交相勉之道"。[②] 这种"贫富相资"的宗族或家族制度之所以能够得到普及，主要在于各"州

---

① 包伟民：《唐宋家族制度嬗变原因试析》，《暨南史学》第1辑，暨南大学出版社2002年版。

② 《名公书判清明集》卷13《主簿拟：假为弟命继为词欲诬赖其堂弟财物》，中国社会科学院历史研究所宋辽金元史研究室点校，中华书局1987年版，第512页；(宋)游九言：《默斋遗稿》卷下《建阳麻沙刘氏义庄记》，《丛书集成续编》第130册，台湾新文丰出版公司1988年版，第696页。

县之间,随其大小皆有富民",[1] 即富民的广泛分布。由此也决定了新型的宗法关系是以"贫富相资"及其普及为主要特征。这一新型的宗族制度发展到明清时代则更为普及和细化。尤其是自明中叶开始,随着民间建置家庙祠堂禁令的取消,官府转向鼓励民众设立族田、义庄,让宗族全面实现了"民众化"或普及化,发挥了其内部贫富相恤与增强家族凝聚力的作用,而其"掌握者"和"捐助者"也是绅衿和富民。[2] 这是富民尤其是其士绅化群体成为社会经济关系中心在特殊社会群体中的体现,标志着宗法文化在经济力量的影响下完成了由贵族型向平民型的转变,也是反映诸文化等级遭到破坏的一个重要方面。

礼是中国古代特有的文化现象,表现为约束全社会的一套行为规范、准则与心理。唐宋官方礼制出现了庶

---

① (宋)苏辙:《苏辙集・栾城三集》卷8《诗病五事》,陈宏天等点校,中华书局1990年版,第1230页。

② 李文治:《明代宗族制的体现形式及其基层政权作用——论封建所有制是宗法家族制发展变化的最终根源》,《中国经济史研究》1988年第1期;李文治、江太新:《中国宗法宗族制和族田义庄》,社会科学文献出版社2000年版,第56—276页;冯尔康:《清代宗族制的特点》,《社会科学战线》1990年第3期。

民化的倾向，①其所包含的礼制等级性也遭到了破坏，而其主要原因正是由于"商贾富人，车马器服，皆无制度"。②这之后亦为"风俗相承，流于僭侈"，一直延续到明初之际。③明清时代亦经历了一个从重建等级礼制到其等级性再次被破坏的过程，代之而起的是时尚文化的渐兴与雅俗文化之争，庶民化则始终构成这一新潮流的核心内容与主要特征。此处可藉其中具有代表性并与日常社会生活密切相关的服色礼制略加说明。

明初之时，延续前代传统，"闾里之民，服食居处，与公卿无异，而奴仆贱隶，往往肆侈于乡曲"，统治者认为这种"贵贱无等、僭礼败度"的社会风俗不利于国家统治，于是制定了"辨贵贱、明等威"的服色之制。④而自明中

① 王美华：《官方礼制的庶民化倾向与唐宋礼制下移》，《济南大学学报（社会科学版）》2006年第1期。
② （宋）范纯仁：《范忠宣集·奏议》卷上《条列陕西利害（熙宁二年）》，《景印文渊阁四库全书》第1104册，台湾商务印书馆1986年版，第750页。亦见（明）黄淮等编：《历代名臣奏议》卷330，宋神宗时范纯仁同知谏院条列陕西利害疏，上海古籍出版社1989年版，第4276页。
③ 《明太祖实录》卷55，洪武三年八月庚申，台湾"中研院"史语所1962年校印本，第1076页。
④ 《明太祖实录》卷55，洪武三年八月庚申，台湾"中研院"史语所1962年校印本，第1076页。

叶以后,平民服饰开始出现变化,渐渐有了"时装"的出现,形成广泛流行的服装时尚。流行时尚的形式也有多样化的趋势,有复古风、求新奇,甚至模仿上层阶级,形成所谓"僭越"之风。城市成为时尚传播的中心。同时由于消费需求的发展,许多曾被视为奢侈品的某些高级服饰,在大量生产之下价格大跌,成为一般人的日常用品。在这服饰时尚形成、发展与演变的过程中,士人们先是被动反应,要求政府禁止,并加以口诛笔伐,但都以失败而收场;后来则主动引导,积极地自创新风格、新形式的服饰衣冠,以重新塑造自己的身份与地位。同时也从美学的角度自圆其说,创造了"雅、俗"之分,以彰显士人自身服饰品位的与众不同。①

士绅所引领的服饰风尚仅是其所塑造的消费文化品位的一方面,而对于后者所包含的旅游、饮食等其他方面的品位塑造而言,他们也同样将之升华到理论层次与具体实践方面。到清代时,作为等级礼制替代品与消融剂的士大夫奢侈性消费文化与品位,不但得到了延续,而且

---

① 巫仁恕:《品位与奢华:晚明的消费社会与士大夫》,中华书局2008年版,第165—167页;《明清文人品位的演化与延续——以饮食文化为例》,明清教学史料与文献网站资料:www2.scu.edu.tw/history,2007年。

发展得更加细致与完备。①要特别指出的是,这里所提到的作为雅俗时尚创造者与引领者的平民、士人或士大夫,虽然肯定也包括其他阶层,但应主要是指大商富民及其士绅化的群体,因为只有他们才有这样的财力、物力、知识水平和群体影响,尤其是到了明清后期,士绅代替富民成为了时尚运动的主导者,就更能说明这一点。

三、积极参与地方事务,主导形成并坚守行为规范与道德自律

对地方事务的高度关注与积极参与,可说是富民及其士绅化群体所共有的特征。唐宋以来的富民不仅是国家基层政权的头首,而且是乡村社区经济、文化和社会等各类事务的带头人,一直都有以地方事务为己任的群体自觉意识。明清时期的富民虽然大多通过士绅化而获得了身份保护,提高了政治地位,但他们参与地方事务的意识不但没有削减,反而在国家的支持与认可下和社区民众的期望下日渐高涨起来,积极投身于乡村教化、纳税征

---

① 巫仁恕:《品位与奢华:晚明的消费社会与士大夫》,中华书局2008年版,第165—167页;《明清文人品位的演化与延续——以饮食文化为例》,明清教学史料与文献网站资料:www2.scu.edu.tw/history,2007年。

粮、社会治安和灾荒救济等事务，并由此而成为了国家乡治的主体。但士绅所承担的角色具有二重性：他们既是国家基层控制的主要执行者，同时又是享有特权、有自身利益诉求的个体。虽然国家在基层社会安排了由吏胥直接参与管理乡里事务、由富民充任里甲或保甲头首等方式，作为与士绅相互制约与平衡的机制，使其既能有效参与地方事务，又不至于过分以权谋私、欺压良善，而在实际运行过程中，这几股势力既可相互制衡，亦可相互勾连或相互扯皮。在这样的局面下，士绅自身的道德自律就显得非常重要了。

士绅的道德自律并不是随着富民的士绅化而自动出现的，而是士绅在参与地方事务的过程中不断调整公私角色规范而形成的。如政府希望乡绅能在皇权不易支配到的地方社会中，担负起率民为善的教化责任，以补地方行政的不足。但是有些乡绅却利用其特殊的地位和权力，谋取个人或一家的利益，罔顾民众福祉和朝廷的期望，无限制扩张自己或自家的财势。明末的民变、抗租、奴变等事件，便是民众展开的对乡绅的对抗运动。为了重建乡里秩序，乡绅展开了印制"善书"的运动，一方面重新订定庶民的道德规范，一方面也作为乡绅阶层的自我反省。^①也可以说，乡绅与所在社区的民众需经过较长时期的磨合，清楚双方各自应遵守的行事准则与道德规范之后，才会形成士绅及其领导下的庶民群体的行为规则和道德自律，这就是所谓的"伦理造乡绅"和士绅"团体伦理观念"形成的过程。^②其中士绅是主导者，而庶民是被动接收者，再加上他们所处社会地位的差异及"身份取向"的不同，二者在日常生活中对相关规则的遵守和内心的道德自律性又存在很大的差别。

如有研究指出，无论是士绅还是庶民，其日常生活都处于一种伦理情境之中，受到不同程度的伦理监控。二者的社会行为都具有象征性意味，有的甚至以仪式化行为的形式得以表达。值得注意的是，二者对于伦理监控的反应又存在着自觉和非自觉的差异。作为"大传统"内部分化结果的儒士阶层，也就是那些作为"非统治的秀异分子"的秀才举人，他们对于自身所处的伦理监控一般都有清醒的自觉意识，能够理性地看待自身所处的

① 王霜媚：《帝国基础——乡官与乡绅》，收入郑钦仁主编：《中国文化新论·制度篇：立国的宏规》，台湾联经出版事业公司1983年版。
② 秦晖：《传统十论——本土社会的制度、文化及其变革》，复旦大学出版社2003年版，第3页；费正清：《费正清论中国：中国新史》，薛绚译，台湾正中书局1996年版，第111页。

伦理情境,并且常常在与这种伦理监控的互动中采取巧妙的博弈,其社会行为属于"直觉运用理智"。而大多数的平民百姓,虽然受到的伦理监控稍微淡薄,但在总体上却是被动接受。一旦出现意外事件突破个人的忍受极限,他们就自发地对这种伦理监控和社会结构进行"象征性反抗"。值得注意的是,这种"象征性反抗"决不是对伦理监控被动接受的结果。事实上,这是庶民日常生活中的信仰结构和行动逻辑交叉互动的必然结果。而这样的行为一般都被认为是"一时冲动",是典型意义上的"理智运用知觉"的社会行为。①

四、从被代言"保富"到创立"实学":富民及其士绅化群体完整意识形态的建立

唐宋以来,随着富民阶层的崛起与富民社会的形成,一大批反映富民现实诉求的思想家纷纷发表言论,强调富民存在的合理性,视富民为国家和社会的根本,反复说明富民对国家和社会的重要性,客观评价富民财富的积累和对生产发展的作用,明确主张保护和争取富民权益

---

① 杨政:《伦理情景下的博弈、仪式与象征:关于清朝中晚期士绅和庶民生活的个案研究》,《社会》2005年第6期。

等。这些"保富论"立足于社会发展和处理国家与富民的关系,要求保护社会内部新的发展力量,实为一种具有崭新时代特征的经济思想,标志着中国古代经济思想的重大转型与社会深层变迁。^①但我们也要看到,这个时候宣扬"保富论"的思想家大都是朝廷的能员重臣,他们站在政府的立场提出要客观认识、重视和保护富民利益,目的在于尽量减少国家行政对富民的干预和损害,以发挥其辅助国家治理的作用。而此时的富民虽然已具备作为一个群体的意识,有了自我认同感,但其群体意识和自我认同感在整体上还只发展到如何"自保",即如何既能通过市场机制致富又能适应专制官僚统治的层次,而其高层次的诉求则主要由官僚群体以"保富论"的形式向朝廷、向社会表达,仍处在被代言的阶段,更谈不上形成一套完整的意识形态。

到明清时期,保护富民利益的呼声继续存在。而随着富民群体的普遍士绅化及其所带来的政治地位的提高,士绅阶层在社会经济关系中的支配地位得以逐渐确立,他们针对日趋空疏衰败的宋明理学,尤其是禅化的阳

---

① 林文勋:《中国古代的"保富论"》,《历史教学》2006年第12期;同氏等:《唐宋乡村社会力量与基层控制》,云南大学出版社2005年版,第112—132页。

明"心学"，以"实学"的形式逐渐构建并发展了一整套有关政治、社会风尚、经济和文化诸领域的治理理念或意识形态。在这些治理理念或意识形态中，一部分是为脱离理学极端道德主义而转向"趋实性"，在适应现行体制或补其不足的同时，得到广泛实践并构成了民众实际生活的内容，如前举治生理念、引领雅俗文化和在乡村地方事务中形成道德自律等都属于此类；另一部分则是着眼于理想社会而对现行体制的针砭与批判的"超然性"，提出未来改革和应努力的方向等，其虽未成为社会意识的主流，但或多或少地对现实社会进程产生了一些影响。

我们从知识与绅权的垄断地位，绅权的扩张与经济资源的垄断趋势，乡村控制体系的主导性角色，庶民文化价值维度规定者等方面，探讨了来自于富民的士绅群体对明清社会基本特征的多面形塑，厘清了中国古代富民社会向士绅社会发展的内在联系与基本轨迹。其中特别强调富民士绅化是经济力量提高社会地位的必然趋势，由此也使得经济力量的发展减少了来自政治力量的阻碍与破坏，促进了传统市场经济的发展和反映庶民文化特征的士绅精神的出现。若从另一个角度来看，对于这个问题的探讨，实际关系到明清时期中国传统社会还有没有内在发展动力的问题。关于这一问题,上世纪80年代初关于中国封建社会为什么会长期存在的论争,近年来关于黄宗智"过密化"理论的讨论,关于自然经济与商品经济的论争,关于传统经济近代化和中国近代经济史中心线索的讨论等,都曾涉及过。这些讨论或论争主要集中于与市场有关的生产、流通、分配等领域及国家的相关政策、社会阶级的构成和思想家的启蒙等方面,但由于没有意识到富民及其士绅化群体在阶层流动、乡村治理、经济运行、社会风尚与庶民文化等发展中的引领作用,从而也就难以找到明清市场经济发展与社会转型的根本动力所在。

第三章　士绅的式微

第一节　绅权的异化
决定了士绅必然走向灭亡

纵观历史的发展,任何一个阶层,一旦取得政治特权并形成一定的垄断性之后,必然走向反面。士绅阶层也是这样。在清中期以后,特别是清末社会,士绅由于拥有特权并形成某种政治垄断,逐渐从社会的发展层、稳定层、动力层变成社会的阻碍力量。这种变化首先表现在官、绅、民之间的复杂平衡关系逐渐偏向至有利于士绅的一面,由此导致绅权的异化,也就从根本上决定了其必然走向灭亡。

一、官绅民之间的错综关系及其平衡

明清时期的士绅是国家与社会之间的中间层,他们既作为国家的代表参与地方公事,管理约束民众;又作为地方民众的代表与官府交涉,表达民意;而且其自身还拥有特权,有特殊的利益和诉求。这些都使得国家与社会的关系变得更为复杂,在多向度的对立与统一的矛盾关系体中维持着微妙的平衡并得到发展。

(一)合作与冲突:士绅与国家关系的两面性

如前所述,对于士绅而言,其仕宦功名、政治经济特权及其在地方事务中的"领袖"地位,虽然与自身所具备的先天条件和后天努力密不可分,但都是在国家规章制度与官府约定俗成的惯例中获得的,可谓无一不赖国家予之,"是以绅衿士庶中之家道殷实者",多受到"国家之所爱养保护";① 对于国家而言,士绅不仅是其官僚群体的重要来源和最终去向,而且也构成了其实施基层社会控制的主要依靠力量,所以"踊跃急公,多出其乡绅士之

---

① 《清仁宗实录》卷79,雍正七年三月戊申,《清实录》第8册,中华书局2008年影印本,第32页。

力"。① 可见双方基于相互的需要和支持,表现出合作的
一面。同时,士绅又试图在基本绅权的基础上,极力扩大
其权威,从而使自身利益最大化。而绅权的法外扩张,则
意味着国家权力的侵蚀,尤其士绅藉以逃避税役、干预司
法、掌控舆论和把持官府等,严重影响了国家财政收入、
司法公正、政令畅通和社会稳定。国家对此不会坐视不
管,而是会采取多种措施对绅权进行控制和打击。

　　清初"钱粮奏销案"就是其中具有代表性的一例。
当时"乡绅举贡之豪强者"沿袭明末以来之成例,"包揽
钱粮,隐混抗官,多占地亩,不纳租税,反行挟制有司。有
司官不能廉明自守者,更惧其权势,不敢征催",致使数
县之地"历来钱粮欠至数十万"之巨,而"江南逋赋多至
四百余万两"。② 朝廷决心扭转此不良风气,由朱国治等
主持"造欠册达部,悉列江南绅衿一万三千余人,号曰抗

---

① 台湾银行经济研究室编印:《台湾南部碑文集成》甲记《重修文庙碑
　记(嘉庆二十三年)》,《台湾文献史料丛刊》第9辑,台湾大通书局
　1987年版,第210页。
② (清)缪荃孙等修:《江苏省通志稿·司法志》卷2《刑案(下)》,江
　苏省地方志编纂委员会办公室点校整理,江苏古籍出版社2002
　年版。

粮。既而尽行褫革，发本处枷责，鞭扑纷纷，衣冠扫地"。[①]清廷通过此案对明末以来过度膨胀之绅权进行摧抑，虽也取得一时一地之效，且后来还针对"绅衿"设有"完不及分数"的"褫革责枷之定典"，但士绅仍是"兜收抗欠，习以成风"，使地方官员不得不"大声疾呼"以申明其中利害，甚至"亲催绅衿完粮"。[②]双方在钱粮征纳权方面的争夺和博弈，说明他们在地方公事中的权力和利益并不完全一致，表现出冲突的一面。

（二）长者与豪横：士绅在民众中扮演的双重角色

士绅是民众与国家发生关系的中间人，呈现出两面形象。一为长者，为乡里排难解纷，促进地方福祉。如"乡绅平日有德望的"，可向官府"道达民间利弊"，而其"从公起见，委曲敷陈，官也没有不见信的"，从而"为本境做些有利益的好事，一以造本乡之福泽"。[③]地方官兴举公务，其"历年办事之人，多选于世职乡宦举贡生员，择其

①（清）董含：《三冈识略》卷4《江南奏销之祸》，《四库未收书辑刊》第4辑第29册，北京出版社2000年版，第674页。

②（清）戴舒菴：《天台治略》卷9《亲催绅衿完粮说》，《中国方志丛书·华中地方》第65号，台湾成文出版社有限公司1970年版，第789页。

③（清）陈宏谋：《学仕遗规》卷4《官绅约》，《官箴书集成》第4册，黄山书社1997年版，第546页。

老成公正者充之。被举者亦多廉洁自爱，以保守名誉为方针。至阴险谄媚之徒，奔走要津，武断营私，此虽具有资格，如无资格，士林羞之"，正由于地方公事择"公正绅士司之"，而"民得以不病"。①特别是士绅渐渐成为了土地等主要社会财富的占有者之后，主佃"在法律上身份地位是平等的"，他们之间"只剩下礼教关系，而不再存在律法关系"。②其中作为主家的礼教规范，也体现了富绅的长者风范。如"及佃户受田之日，至其室家，熟其邻里，察其勤惰，计其丁口，慎择其勤而良者、人众而心一者任之。其收租之日，则加意宽恤。仆人积弊，极力革除。至于凶灾、争讼、疾病、死丧及茕独贫厄，总宜教其不知而恤其不及，须令情谊相关，如一家之人可也"。③

二是豪横，多武断乡曲，致为害一方。明末之际，就有士绅感叹说，"古者乡有缙绅，家邦受其庇荫，士民视

① (清)刘汝骥:《陶甓公牍》卷12《婺源绅士办事之习俗(宣统元年调查)》,《官箴书集成》第10册,黄山书社1997年版,第598页;(清)震钧:《天咫偶闻》卷4《北城·顺天府》,《近代中国史料丛刊》第22辑,台湾文海出版社1968年版,第246页。

② 江太新:《三农与市场:以明清经济发展为例》,《中国经济史研究》2005年第4期。

③ (清)张履祥辑补,陈恒力校释:《补农书校释(增订本)》,农业出版社1983年版,第148页。

为准绳。今也乡有缙绅，增家邦陵夺劳费之忧，开士民奢靡浮薄之俗。然则乡有缙绅，乡之殃也，风教之蠹也，吾党可自愧自恨矣"，并认为"士大夫居乡，无论大有裨益"，只要不作"违禁出息，倚势侵陵，受贿嘱托，讨占夫役"此等"四恶"者，已是难能可贵的了，而实际多为"寡廉丧耻"之徒。①明清易代，"向来乡绅在籍武断横行"的现象依然如故，被称作"最为吏治民生之害"。②如"有等衣冠败类，方才发迹，便生了个欺负人的心肠，便动了个诈骗人的念头，或是起争挑讼，或是说事赚钱，或是倚势图占，或是逞强谋算，以致人人咬牙，个个切齿，但愿亲友乡族中，少发个科甲，便是少生个狼虎"。③又据《清高宗实录》载："从前各处乡绅，恃势武断，凌虐桑梓，欺侮邻民，大为地方之害。及雍正年间，加意整饬，严行禁止，各绅士始知遵守法度，循分自爱，不敢稍涉外事。乃近来旧习复萌，竟有不顾功令，恣意妄行……下类舆台贾贩，

---

① (明) 吕坤：《呻吟语》卷2《修身》，王国轩等注，学苑出版社1993年版，第140页。

② 《清高宗实录》卷698，乾隆二十八年十一月庚申，《清实录》第17册，中华书局2008年影印本，第816页。

③ (清) 石成金：《传家宝全集》卷1《俚言》，广益书局民国二十六年 (1937) 排印本，第22页。

与小民争利,或凌侮邻境。"①反映出此种现象始终不可禁断。不仅乡绅如此,地位较之略低的"举贡生员"也不甘落后,"倚仗衣顶,教唆词讼,武断乡曲,平民畏之"。②

士绅扮演的长者与豪横这双重角色,既相互制约又互相补充,最终导致形成"民不知畏官,惟畏若辈,莫不听其驱使"的绅民关系。③

（三）博弈与平衡:国家主导的官绅民之间复杂制约机制

国家与士绅之间的合作与冲突关系,及士绅在民众中所扮演的长者与豪横角色,构成国家与社会关系的四条主线。它们在复杂的博弈关系中交错存在,其中士绅是最为活跃的因素,而国家在大多数的时间内一直处于主导地位。士绅通过总领乡里事务而促进乡村社会的发展,取代富民成为"上下之所赖"的社会中间层,同时也在所享有基本特权的基础上积极扩大绅权,以致上制官

---

① 《清高宗实录》卷296,乾隆十二年八月甲子,《清实录》第12册,中华书局2008年影印本,第877页。

② 胡珠生编:《宋恕集》卷1《六字课斋卑议（初稿）·民瘼篇·讼师章第四》,中华书局1993年版,第3页。

③ （清）姚莹:《覆方本府求言札子》,（清）魏源:《皇朝经世文编》卷23,《魏源全集》第14册,岳麓书社2004年版,第395页。

府,下虐平民。国家响应富民的绅士化要求,给予士绅群体特权保护,积极引导士绅参与地方事务,同时对日益膨胀的绅权进行摧抑,特别是从制度上对之加以制衡。如清初朝廷致力于压制士绅自明末以来的嚣焰之气,除通过奏销等案给予沉重打击之外,"遂有乡绅与现任官不许接见之禁。上自督抚,下逮郡邑,皆不相闻问。所与造膝咨访者,不过奸胥贱隶而已"。①朝廷还规定"公呈有禁",将"康熙以前,邑中有不便于民者,生监耆老连名具呈"之权一同剥夺。②由此导致致仕居乡的"乡先生之气不伸而清议不立,大小吏益无所畏惮"。③又如"缙绅之在籍者无不杜门扫轨,著书作文,以勤课子弟为务,地方官吏非有公事不轻通谒","士子读书咸知自好,有终身不履讼庭只字不入公门者"。④

①(清)董含:《三冈识略》卷10《官绅接见有禁》,《四库未收书辑刊》第4辑第29册,北京出版社2000年版,第775—776页。

②(清)黄印辑:《锡金识小录》卷1《备参·邑绅》,《中国方志丛书·华中地方》第426号,台湾成文出版社有限公司1983年版,第68页。

③(清)韩菼:《有怀堂文稿》卷20《吏部考功司员外郎顾先生墓表》,《四库全书存目丛书·集部》第245册,齐鲁书社1997年版,第593页。

④(清)李光祚等修纂:《乾隆长洲县志》卷11《风俗》,《中国地方志集成·江苏府县志辑》第13册,江苏古籍出版社1991年版,第93—94页。

朝廷如此而为,在摧抑了士绅操控舆论、干预公事和包揽词讼等挟制官府行为的同时,也导致士绅弃气节求自保,故乾隆时有人基于对"邑绅"之观感而叹言:"今科名日盛,列谏垣者有人,居九列者有人,百余年来从未有抗权幸,陈疾苦,谔谔不回如古人者。虽谨慎小心,不敢放纵,要之保位安身之念周其胸中,久不知有气节二字矣。故邑志于本朝先达,政绩可以铺张,即理学亦尚可缘饰,惟气节不可强为附会。"①士绅不仅弃气节,也不愿承担社会责任。时人所概括的"两等乡绅"形象就说明了这一点:"有一等乡绅,平常缄默不言,只是身家重事,才去关说,这岂不是本分的? 但只是自了身家,总不肯替人做些好事,恐也辜负了头上进贤冠。又有一等乡绅,只要闭门养重,就是身家事,也不肯向公祖父母开口,只要人说他清介孤高;即有官长虚心来请教,也只半吞半吐,不肯替他担担子。"②士风不变的另一面,则是官与绅之间的地位发生尊卑升降,即"士大夫日贱,官长日

<hr />

① (清)黄印辑:《锡金识小录》卷1《备参・邑绅》,《中国方志丛书・华中地方》第426号,台湾成文出版社有限公司1983年版,第68—69页。

② (清)石成金:《传家宝全集》卷3《乡绅约》,广益书局民国二十六年(1937)排印本,第17页。

尊,于是曲意承奉,备极卑污,甚至生子遣女,厚礼献媚,立碑造祠,仆仆跪拜,此辈气焰愈盛,视为当然,彼此效尤,恬不为怪"。这种变化当然对官吏有利,但也造成了"上下蒙蔽,贵贱不分,于是刁民蠹役,肆行无忌",影响到"重士安民"的地方治理之常轨,引发了时人的"无世道之忧"。①

后来的为官当政者也意识到这样一味压制、隔离士绅,不利于地方教化与治理,遂有纠偏之举。历任工部郎中、兴安知府的徐栋就称,"为官不接见绅衿,甚属偏见","若概不接见,势惟书役之言是听矣","概以不见绅士为远嫌,犹未免于内之不足也"。②乾隆朝曾发布诏谕云:"在籍候选之进士、举人及其余举贡生员,皆属身列衣冠,名登黉序。若能安分守法,立品读书,为小民倡率,原当加以体貌,别于齐民。倘恃符纵肆,自蹈刑宪,是即不知君子怀刑之义,为士林所不齿,免其加倍治罪,已属法外施仁……若系党恶窝匪,卑污下贱者,著俱照平人之例

---

① (清)董含:《三冈识略》卷6《三吴风俗十六则》、卷10《官绅接见有禁》,《四库未收书辑刊》第4辑第29册,北京出版社2000年版,第715、776页。

② (清)徐栋:《牧令书》卷7《取善·作吏要言》,《官箴书集成》第7册,黄山书社1997年版,第108页。

问拟,以示惩儆。"①其意即一方面要发挥士绅为小民矜式的作用,同时也要禁止和打击其非法作恶者。为地方官者也大都依此为圭臬,如嘉道州县官箴强调"士首四民,士习端则民风厚,不特甲科乡宦,民望攸归,即俊秀生儒,亦均有表率齐民之责","一乡有善士,胜于一邑有好官"。因此,劝谕生监们对"作状唆讼,及一切习俗常犯之事,毅然有所不为",同时力行"敦品善俗以襄教化"之举。②中央政府与地方官员都致力于劝导士绅之善而严禁其恶,目的在于恢复官绅民之间理想化的平衡关系,即"绅士信官,民信绅士,如此则上下通,而政令可行矣"。③

二、平衡机制的破坏与绅权的异化

明清"士绅社会"的形成,正是基于士绅在国家治理与社会发展中的领导作用。这种积极作用的实现既是富民利用财富优势追求政治权利并整合地方资源的结果,

---

① 《清高宗实录》卷1378,乾隆五十六年五月乙酉,《清实录》第26册,中华书局2008年影印本,第504页。

② (清)刘衡:《州县须知·劝谕生监敦品善俗以襄教化告示》,《官箴书集成》第6册,黄山书社1997年版,第116页。

③ (清)姚莹:《覆方本府求言札子》,(清)魏源:《皇朝经世文编》卷23,《魏源全集》第14册,岳麓书社2004年,第395页。

也是在国家的主导下官府、士绅和民众之间建立起相互制约与平衡机制的结果。同时我们也看到，明清社会秩序中的这种平衡机制又是非常脆弱的，主要表现为绅权日益膨胀，国家和民众难以对之形成限制，由此导致绅权出现异化。

如前所论，绅权是一个综合性的结合体，其中既有备应咨询、上达民意、经理教化、代理催粮、调解纠纷和维持治安等倾向于地方公利的一面，也有优免赋役、官方礼遇、减免刑罚、诡寄资产、包税抗粮、包揽词讼、挟制官府和武断乡曲等倾向于本身私利的一面。绅权公利的一面往往是为官府所倡导和允许的，属于合法的范畴；绅权私利的一面，除了国家所明文规定的政治与经济特权外，其余都是士绅在事实上拥有而国家并不允许的，属于非法的范畴。士绅群体中以前一特质为主者被称为"公正绅士"，以后一特质为主者被叫做"刁劣绅衿"，也就是森正夫区分的"经世济民型"与"升官发财型"两类乡绅。①一般来说，国家主要限制非法的自利性的绅权过度膨胀，保护合法的公利性的绅权适度发展，尽量让"公正绅士"发挥主

---

① （日）森正夫：《明代的乡绅——关于士大夫和地域社会关联的记录》，《名古屋大学文学部研究论集》第26号，1980年。

导作用,从而维持国家治理体系的正常运转。但随着时间的推移,这一常有之态被打破,致使绅权在地方事务中公利化的性质日趋萎缩,而其私利化的性质却不断放大。

从15世纪中叶到清中期,是士绅阶层得以形成并逐步发展的阶段。此时之绅权虽然同时具有公利化和私利化的双重性质,但国家有实力对之进行制约和平衡(明末政府除外),而且"乡村绅士克知大义者多",[①] "公正绅士"居于主导地位,而"刁生劣监"尚难以"施其伎俩",[②] 乡村社会秩序能大体保持"良性循环",地方社会经济也不断得到发展。而在明末时段特别是清中叶以后,随着国家权威的下降,国家所主导的对绅权进行制约和平衡的机制逐渐丧失,绅权自利化的一面占据了主导地位,而其公利化的一面退而居其次,使乡村社会秩序进入"恶性循环"。关于这一点,明末生员之嚣张和在道光朝地方社会中开始出现的"靴党"可谓最好的例证。

生员仅为士绅序列中之最底层,而在明末政局变动之时,这一最底层之士绅群体也已发展成为社会公害。

---

① (清)王凤生:《宋州从政录》之《劝捐义仓告示》,《官箴书集成》第5册,黄山书社1997年版,第392页。

② (清)延昌:《事宜须知》卷4《公正绅士》,《官箴书集成》第9册,黄山书社1997年版,第20页。

顾炎武《生员论》对此有极为形象之描述:"今天下之出入公门以挠官府之政者,生员也;倚势以武断于乡里者,生员也;与胥史为缘,甚有身自为胥史者,生员也;官府一拂其意,则群起而哄者,生员也;把持官府之阴事,而与之为市者,生员也。前者噪,后者和;前者奔,后者随。上之人欲治之而不可治也,欲锄之而不可锄也,小有所加,则曰是杀士也,坑儒也。"简言之,一是出入公门,持短与市,官府难制,以干预地方之政事;二是挑起事端,操控舆论,勾结吏胥,以武断鱼肉于乡里。顾炎武认为"百年以来,以此为大患",提出"废天下之生员而官府之政清,废天下之生员而百姓之困苏,废天下之生员而门户之习除,废天下之生员而用世之材出"。生员嚣张,而为中高层之士绅者,更是如此。清人赵翼说:"前明一代风气,不特地方有司私派横征,民不堪命。而缙绅居乡者,亦多倚势恃强,视细民为弱肉,上下相护,民无所控诉也。"故顾炎武将生员、作为高层士绅的"乡宦"和吏胥统称为"天下之病民"的三类群体。①明末生员与乡宦等士绅在一定程

① (清)顾炎武:《顾亭林诗文集·亭林文集》卷1《生员论中》,华忱之点校,中华书局1959年版,第21—23页;(清)赵翼著,王树国校证:《廿二史札记校证》卷34《明乡官虐民之害》,中华书局1984年版,第785页。

度上发展成社会治理中的恶势力,而各级官府对此又无能为力,甚至代表其行使权力的吏胥还与之结成了利益共同体,其自私自利至为民害由此可见一斑。

明末士绅罔顾公利而张扬私利的风向在清初因历史惯性而得以延续,清政府通过"哭庙案"、"钱粮奏销案"、"清查亏空钱粮案",辅之以禁革文社和整顿风习之举,使长期被抑制的官府权威得到鸱张,而士绅张扬之气迅速低落。①国家与士绅的关系因此复上正常轨道。但这一趋势随着道光之时社会动乱而再度发生逆转,"靴党"的出现可视为其重要标志。此党由"恃符滋扰"地方事务的"不安本分士子"组成,"此辈或藉词因公,联名挟制;或事非干己,挺身扛讼;或先后互寻其衅,或彼此相助为攻;或阴为挑唆,阳为调处;或名为息事,实为埋根;甚至设为影射之词,污蔑妇女之名节;巧构株连之局,倾覆良懦之身家。地方官循谨者惟恐撄其锋,而公事为之掣肘;其贪墨者且将利为媒,而从中恣其勒诈。蠹胥猾吏,奸奴劣幕,联为心腹"。②由士绅组成的"靴党"肆意妄为,不但挑起事端压

---

① 范金民:《鼎革与变迁:明清之际江南士人行为方式的转向》,《清华大学学报(哲学社会科学版)》2010年第2期。

② 《清宣宗实录》卷244,道光十三年十月辛丑,《清实录》第36册,中华书局2008年影印本,第660页。

制良善,还挟制官府妨害公务,通过勒索欺诈谋利自肥,而地方官员和吏胥幕僚,或避其锋芒束手无策,或结成同盟助纣为虐,表明其权力膨胀到了不受限制,以至完全可以控制地方政局而损公自利的地步。绅权之异化,正是以此为基本内涵和主要标志。以"靴党"为代表的绅权异化的出现绝不是偶然的,而是绅权扩张不可避免的产物,说明士绅自此已然站在了国家与民众的对立面,不再是社会发展的领导者,从而注定了必然走向灭亡。

第二节　团练之兴
与科举之废加快了士绅的灭亡

自清中叶以后再度出现的绅权扩张趋势,因又逢清末"数千年来未有之变局",[①]使其对于政治权力的垄断更为严重,同时也加剧了社会动荡。而实行了上千年的科举制度的废除,彻底堵塞了士绅阶层得以形成的途径,造成士绅的分化及乡村教育的"沙漠化"。这些都导致绅权异化程度的加深和士绅乡村领导地位的丧失,进一

---

①（清）李鸿章:《李鸿章全集·奏稿》卷24《筹议海防折(同治十三年十一月初二日)》,时代文艺出版社1998年校点本,第1063页。

步加快了士绅阶层的灭亡。

一、兴办团练导致"绅权大张"并加剧了社会失序

在19世纪的中国社会,随着社会控制系统衰败而亟须重振的局面的出现,国家的基层社会控制组织由保甲演变为团练,士绅阶层便多了一项组织地方武装以维持地方稳定的特殊职责,并由此造成其武士化的倾向。

晚清之际,由于太平天国等运动的兴起危及政权存亡,而作为国家正规军的八旗绿营又废弛已久,清廷不得不"诏各省兴办团练,以缙绅主之"。[1]在很多情况下,团练的组织形式基本脱胎于保甲,或者径直由保甲的基本单位生成。但对于士绅阶层而言,团练的崛起却意味着其基层社会地位的根本性变动。这是因为与保甲组织不同,士绅不仅不是被控制与制约的对象,反而是掌控地方团练的主体力量。首先,士绅居于团练组织的实际领导地位。其次,士绅也是团练经济力量的支撑者和组织者。[2]在原来的保甲制度下,国家允许和鼓励身份性的

---

[1] 凌惕安:《咸同贵州军事史》第9章《军事期间人民自卫团体之组织》,台湾文海出版社1967年版,第160页。

[2] 王先明:《晚清士绅基层社会地位的历史变动》,《历史研究》1996年第1期。

士绅以组织和领导民间团体等形式参与地方事务，并得以"超越"于保甲管制之外，同时又规定基层组织的首领须从有财力人丁的庶民中佥选，让二者可以相互监督和制约。而在团练兴起之后，"团这时开始作为县以下官方的行政机关行使职能，承担着保甲的——有时承担着里甲的——职能"，[1] 其首领也转换为身份性的士绅。清政府继而颁布《城镇乡地方自治章程》，在乡设立"议事会"并由士绅担任"乡董"，默许了他们对于乡村司法权、捐税权和警察、行政、保卫、农工、消防、学堂等公共权力的控制，甚至部分地区的保长直接由士绅出任。[2] 与此同时，"加广文武乡试中额、文武学额"，以"激劝"绅民"捐资助饷"的提议也得到朝廷批准，[3] 由此造成士绅数量的一再增加。据统计，光绪一朝仅生员数量就比战乱前增

---

① (美)孔飞力：《中华帝国晚期的叛乱及其敌人：1796—1864年的军事化与社会结构》，谢亮生等译，中国社会科学出版社1990年版，第225页。

② 尚重生等：《近代乡绅衰落原因探析》，《长江论坛》2015年第2期。

③ (清)曾国藩：《徽宁池三属捐助军饷续请广额折(闰八月十九日)》，成晓军等整理：《曾国藩全集·奏稿(五)》，岳麓书社1988年版，第2616—2617页。

加了23%。①士绅群体的扩大，不仅带来了"文风日薄，士风日嚣"的不良社会影响，②而且也使得地方绅权因人数的增加而得到加强。这实际表明国家、士绅和民众之间相互制约与平衡的机制完全遭到破坏，导致出现前所未有的"绅权大张"之势。①

士绅权力之大张，一方面表现为他们可藉团练这一基层组织而任意妄为，"假团以济其欲"和"藉以渔利婪贿，武断乡间"者比比皆是。④其中值得注意的是，这时候参与团练组织的，并非仅仅是那些有各种功名的士绅，也包括当地的富民，所以官方文献常将之合称为"绅民"。另一方面则表现在他们对更高层级政治权力的掌握上。在传统上，"皇权不下县"成为发挥士绅作用的一个基本前提，这就意味着绅权主要在乡村基层社会发挥

① （美）费正清等编：《剑桥中国晚清史：1800—1911年》下卷，中国社会科学院历史研究所翻译室译，中国社会科学出版社1985年版，第600页。

② （清）俞樾：《春在堂随笔》，张道贵等标点，江苏人民出版社1984年版，第55页。

① 胡思敬：《退庐疏稿》卷2《劾湖南藩司庄赓良折（宣统二年三月二十日上）》，《丛书集成续编·史部》第47册，上海书店出版社1994年版，第39页。

④ （清）张曜：《山东军兴纪略》卷22（上）《团匪一》，《中国近代史资料丛刊·捻军（四）》，上海人民出版社1957年版，第419页。

效用。而由团练发展而来的地方武装逐步发展壮大，不再局限于地方势力的范围。如曾国藩"以团练始，不以团练终"，创设湘军，继之而起的李鸿章淮军亦循此道，并立下赫赫战功，"迨粤匪、捻匪、回匪之祸，藉楚勇、淮勇之力以平之"。[①]湘军、淮军等地方武装在各级士绅将领的带领下渐次成为国家的主力部队，并由此而掌握了相当部分的国家军政权力。

晚清地方基层组织的团练化，以及湘军、淮军等由团练发展而来的地方性军事势力的国家化，其实质是士绅的武士化。士绅武士化是以保卫士绅权益和传统社会秩序为其主要目的，武士化的士绅又因插手军事而扩大绅权，从低水平的地方团练武装发展成为正规化的军队组织，通过把持军权进而觊觎财权、政权。这样，士绅武化程度越高，其获取利益的机会就越大；武士化的士绅越多，士绅集团的势力就越强，颇有一种士绅武化的"马太效应"。而且军人化的士绅不同于士大夫，他们位列军伍，熟悉近代军事原则，崇尚军权，倚重武力，并且在军事与政治协调中发挥主导作用。在此背景下，传统的以文

---

① （清）薛福成：《叙团练大臣（一八九〇年）》，丁凤麟等编：《薛福成选集》，上海人民出版社1987年版，第307—308页。

制武的制衡机制随之失去约束力，"陛下与士大夫共治天下"的格局亦难以为继，起而代之的便只能是"陛下与军人休戚相依"。而对于社会而言，重文轻武的传统观念由此发生了明显改变，社会流动也出现"武化"的色彩，"士之失位与军事主义增长动摇了传统的四民社会构架，军人社群的崛起促使社会各阶层重新调整各自的角色地位，军事社会化成为近代社会转型的重要特征"。①

　　士绅武化的"马太效应"在表面上是绅权的大张，而在实际上与其维护传统乡村社会秩序的最初目的背道而驰。晚清办团练与推"新政"的本意，是想通过张绅权而保政权、兴民权，而绅权的扩张，不但未能保政权、兴民权，相反还造成了危政权、侵民权的后果，加剧了士绅与国家及民众的冲突。一方面，士绅往往"擅作威福，藐视官长"，②破坏了地方秩序并妨碍了官府对地方的治理，使国家权力不断从地方收缩。另一方面，绅民冲突也成为清末以"民变风潮"为代表的社会失序事件的主因。士绅在其权力得到制度性扩张的同时，也在追求越来

---

① 熊志勇：《略论咸同之际的士绅武士化效应》，《贵州社会科学》1997年第6期。
② （清）曾国藩：《劝诫浅语十六条·劝诫绅士四条》，彭靖等整理：《曾国藩全集·诗文》，岳麓书社1986年版，第440页。

广泛的资源和利益，"乡绅不顾百姓，百姓抱怨乡绅"，[①]这就不可避免地与民众利益形成了直接的冲突，以致被形容为"威福与官吏无殊，而鱼肉平民或有甚于官吏"。[②]再加上新的权力制衡关系的缺位，使绅民矛盾和利益冲突缺乏及时和适度的调整而走向激化，不断以"民变"的方式出现。[③]绅权异化及其对社会发展的阻碍作用由此进一步得到显现。因此，近代绅权的大张，也是士绅盛极而衰的起点。

二、废除科举办学堂导致士绅群体的分化和乡村教育的"沙漠化"

1905年9月2日，清廷上谕宣告废除沿袭了1300余年的科举制，同时也确立了以发展学堂为替代之制。这一制度的转换，"言其重要，直无异古者之废封建、开阡

---

① （清）颐琐：《黄绣球》第1回《论房屋寓民族主义　叙天伦动巾帼感情》，曹玉校点，中州古籍出版社1987年版，第1页。

② 精卫（汪兆铭）：《论革命之趋势》，张枬、王忍之编：《辛亥革命前十年间时论选集》第3卷，生活·读书·新知三联书店1978年版，第526页。

③ 王先明：《士绅阶层与晚清"民变"——绅民冲突的历史趋向与时代成因》，《近代史研究》2008年第1期。

陌"。^①而对于士绅而言,其影响也是非常深远的。

(一)堵塞了富民阶层士绅化的基本途径,使士绅群体去特权化和凝固化

自明清以来,富民阶层通过追求士绅化实现其对政治权力的要求,科举制无疑是最重要的常规性制度保障。而在科举制被废之后,富民阶层依赖制度化的机制获得国家明文规定特权之途径遭到堵塞,原来已获得士绅身份的富民亦因不久之后清王朝的覆灭而不再享有国家特权的保护。这就意味着士绅凭借规范性知识体系获得地方社会权威的常规之法已大打折扣,也使得这个群体日益萎缩和凝固化。富民通过不断士绅化而再生产支配乡村社会结构的历史可谓一去不复返。

(二)随着以新式学堂为代表的近代新教育体制的兴起,士绅的分化与离乡化日渐明显

在科举制被废之前,"以讲求有用之学"的新式学堂即已出现,当清廷决心废止科举时,即以"多建学堂"为

---

① 严复:《论教育与国家之关系》,王栻主编:《严复集·诗文》卷上,中华书局1986年版,第166页。

替代之制和借托之辞。①此后的学堂教育也确实发展迅速，成效显著，②而且"入学堂肄业"者同样可以获得"出身"，享受"不交纳""国课"的特权。③但这只是清末朝廷的权宜之计，随着国民政府的取而代之，学堂学子的优免特权也就成了昙花一现。不仅如此，还有一部分举业者由于年资、根基、费用等问题无法进入新学堂，"反受新学之困"。④

教育体制与国家赋予特权的脱离，改变了原有士绅阶层的职业选择与价值取向，从而分流到新式政治、经济、军事、教育部门。士绅通过身份转变，担当起中国由传统社会向现代社会过渡的中介。士绅的分流使其不仅成为清末新旧社会过渡的中介和中坚力量之一，促使中国由身份等级结构向职业分途社会转变，推动了四民社

---

① (清)朱寿朋编：《光绪朝东华录》，光绪二十七年八月，张静庐等校点，中华书局1958年版，第4734—4735页；同书光绪三十一年八月，第5393页。

② 杨齐福等：《近代新教育在废科举后发展取向的偏差》，《福建师范大学学报(哲学社会科学版)》2001年第2期。

③ 《旧学界大动私愤》，《申报》1905年9月23日。

④ (清)沈同芳等：《江苏学务总会文牍》初篇上《马观察良拟江宁省城设立出洋及专门预科说贴》，商务印书馆光绪三十二年(1906)刊本，第128—132页。

会的解体,加快了社会变革的进程,同时也造成贫富等级分化,加速了这一社会阶层自身的消亡。[①]

　　士绅的消亡,不仅与其去特权化后的职业分化和社会流动有关,也与其城居化的趋势密切相关。实际上这是互为因果的两个方面。晚清以来士绅的武士化,推动着士绅离开乡土走向更广阔的社会舞台,科举制的废除则使这一趋势变得更为明显。士绅从政参加谘议局,经商和参加商会一般都是在城市,学堂也大都设立于城市,士绅捐建、管理和从教于学堂,一般也会在城市定居,而来自农村的学子学成之后也大多不太愿意回到农村去。"轻去其乡的现象近代已一天比一天流行","农村中比较有志力的分子不断的向城市跑,外县的向省会跑,外省的向首都与通商大埠跑"。[②]富民及士绅城居化现象尤其普遍。如在晚清时期,"乡绅城市化成为一种趋势",在湖南的一些县城就有2000户绅士家庭迁来。[③]到民国二十年代,苏州、常熟、无锡三地"在乡地主"为5%—60%,"不

---

① 张昭军:《科举制度改废与清末十年士人阶层的分流》,《史学月刊》2008年第1期。

② 潘光旦:《潘光旦文集》第6卷,潘乃穆等编,北京大学出版社2000年版,第143、145页。

③ 阳信生:《湖南近代绅士的计量分析》,《中国地方志》2004年第7期。

在地主"则为40%—95%。[①]

（三）乡村文化的"沙漠化"与士绅"文化权力"的转移

以学堂为标志的近代新教育体制,在使士绅走向消亡的同时,也使得乡村文化出现"沙漠化"的倾向。

在以科举为中心的教育体制下,城市与乡村的教育没有太大的分割,各级政府的学教机构与乡村私学有机地结合在一起,其中富民与其士绅化的群体发挥着极其关键的作用。他们以国家基层政权首领和民间社会组织头首等身份兴办社学、义学、私塾,以及捐资兴建书院和资助士子等形式构建起乡村教育体系,在搭建成自身学缘网络和通向国家权力之途的同时,也为本地贫民等其他阶层群体接受教育和通向仕途提供了可能。而随着科举制的废除和学堂教育的兴起,乡村中的富民与士绅流向城市,或从政、经商、入伍,或进入新学界,使掌握财富的有产阶层与乡村的联系大为减弱,其兴办乡村教育的主观意愿和客观条件也因此而不复存在,导致出现"一乡十里数十里之中,求一旧有之蒙学馆而不得"的现

---

① 何梦雷:《苏州无锡常熟三县佃租制度调查》,萧铮主编:《中国地政研究所丛刊·民国二十年代中国大陆土地问题资料》,台湾成文出版社有限公司、(美国)中文资料中心1977年版,第33237页。

象。①在一些本有"私塾之处",因为得不到富绅等方面的"力予扶助","使草野不识字之人日多一日",引起有识之士的忧虑。②

与此同时,新兴的学堂教育虽然发展迅速,学生数量急剧增加,③但行学堂之后,全国学堂学生在全国人口所占的比例,仅约为以往士绅在全国人口所占比例的五分之一。④全国读书人数比例的下降,其实质是乡村学子人数的急剧减少。这主要是由于废科举之决定极为仓猝,善后工作又不周全,以至在废科举后的一段时间内,出现了乡村教育的断层,造成了"旷邈千里,寂然无士"的局面。⑤也就是说,学堂教育是无法培养出士绅这一具有传统儒家伦理精神群体的,相反的是,它导致了乡村教育

① 故宫博物院明清档案部编:《清末筹备立宪档案史料(下册)》,中华书局1979年版,第982页。

② 上海私塾改良总会编:《私塾改良总会章程·论私塾改良会急宜由官绅提倡》,北京师范大学图书馆藏清光绪铅印本,第9—10页。

③ 王笛:《清末新政与近代学堂的兴起》,《近代史研究》1987年第3期;桑兵:《清末兴学热潮与社会变迁》,《历史研究》1989年第6期。

④ 应星:《废科举、兴学堂与中国近代社会的转型》,《战略与管理》1997年第2期。

⑤ 李世愉:《废科举对乡村教育落后的影响》,《探索与争鸣》2008年第3期;杨齐福等:《近代新教育在废科举后发展取向的偏差》,《福建师范大学学报(哲学社会科学版)》2001年第2期。

的"沙漠化"。

　　废除科举所造成的乡村教育断层,也使得士绅"文化权力"在社会转型与变革中出现转移。在唐宋元明清以来的基层社会秩序中,只有掌握了儒家经典和传统礼教的群体才能获得地方治理与控制的权力,而"中国文字难以掌握,阻碍了劳动阶级识字读书,只有那些能以读书消磨安闲岁月的人,才有掌握中国经典的希望;掌握了这些经典,他们就成了通晓传统道德礼教的人"。①富民及其士绅化的阶层无疑是这个群体的主体部分。士绅对"文化权力"的掌握是国家实行科举取士制度的副产品,也是传统社会秩序内涵的主要表现及其得以维系的基本保障。而在近代从科举转向学堂的过程中,知识的获得不再意味着政治权力的赋予,于是"读书之士俱弃孔孟之学而从事洋夷之学"。②随着传统儒家经典在知识体系中统治地位的丧失,学子们对其学习热情的下降和自然科学教育的兴起,"要集中在都市才有取得职业的可

---

① 周荣德:《中国社会的阶层与流动:一个社区中士绅身份的研究》,学林出版社2000年版,第8页。
② 刘大鹏:《退想斋日记》,1908年4月22日,乔志强标注,山西人民出版社1990年版,第168页。

能",①致使原可通过习得儒家经典获取"文化权力"以维持乡土秩序的士绅阶层难以为继。而原来居于乡村的士绅阶层在新的社会流动力的带动下而前往城市中从事各种不同的职业,他们与乡土社区的民众缺少互动,那种依赖于日常交往才存在的相互信赖与管理权威亦消失殆尽,影响着他们参与乡村事务的热情。

由于分化和新式教育而产生的"这些新知识分子已不同于传统的士绅,无论是知识、智能、素质,还是价值观念、思想态度、政治倾向,以及社会作用,都发生了根本的变化","促成了现代化权威集团的崛起"。②以新知识分子(或曰"新士绅")为主体的现代化权威群体,其活动中心和关注重心是城市,如一些地区城市的早期现代化就与他们密切相关。③在这样的局面下,社会"文化权力"自然也就向城市转移了。有的学者指出,在科举制废除之后,"通过各种途径,多数乡村士人不仅基本能够维系原来的社会地位,而且在权力向基层延伸的过程中成为

---

① 史靖:《绅权的替继》,吴晗、费孝通等:《皇权与绅权》,观察社民国三十七年(1948)版,第170页。

② 袁立春:《论废科举与社会现代化》,《广东社会科学》1990年第1期。

③ 吴鹏:《湖南士绅与湖南城市早期现代化》,《乐山师范学院学报》2010年第9期。

地方精英的重要组成部分,继续掌控着各种权力资源,占据社会权势的重要位置";"乡村士人,……仍然可以藉不同形式改头换面,在相当长的时期内继续扮演地方名流的角色"。① 这一对传统士绅近代转型后社会地位与作用的看法应该说是比较客观和准确的,但其中需要明了的是,传统士绅与所谓"新士绅"所发挥作用的场所已大为不同,他们所主导的"文化权力"也由乡村自治转向了城市对乡村的统治。因此,士绅分化与近代教育形态的转换形成叠加效用,使其对乡村社会发展的阻碍作用被更加放大。

第三节　土豪与劣绅:
乡村士绅衰落后的继替者

自 19 世纪中叶以后,清政府在基层实行"保甲厘奸,团练御侮"的双轨体制,其中"保甲行于无事之时,团练行于有事之日"。② 而自 20 世纪初开始,乡村政制一直在

①　关晓红:《科举停废与近代乡村士子——以刘大鹏、朱峙三日记为视角的比较考察》,《历史研究》2005 年第 5 期。
②　《清文宗实录》卷 33,咸丰元年五月庚寅,《清实录》第 40 册,中华书局 2008 年影印本,第 456 页。

"地方自治"的现代化旗帜下进行规划更改。清末"新政"废除保甲制,并在原来团练的基础上"代之以警区、学区和自治区"。①近代区乡行政正是萌芽于此。②到南京国民政府时期,先后建立区乡保甲体制,"自治名义下的区乡组织实际成为国家政权的行政末梢,原本偏重政治控制的保甲,最终沦为社会征取的重要工具"。③

近代区乡保甲等基层行政的人员构成具有什么特点呢?在清末改制之初,原本是团练组织首领的传统士绅大多仍为新的区乡自治机构的头领,只不过改换了一下头面而已,而"自治在清民两代衔接中,法令虽各不同,人选未翻初局"。④其"人选未翻初局"并不是说仍由传统士绅一直担任,这期间应有经常性的人事变动,而是强调近代所谓"地方自治"的基层政权与原先的保甲团练

———————————

① 从翰香主编:《近代冀鲁豫乡村》,中国社会科学出版社1995年版,第57页。

② 魏光奇:《官治与自治:20世纪上半期的中国县制》,商务印书馆2004年版,第79—86页。

③ 王奇生:《战前中国的区乡行政:以江苏省为中心》,《民国档案》2006年第1期。

④ 余晋芳纂:《麻城县志续编》卷9《自治志·沿革》,《中国方志丛书·华中地方》第358号,台湾成文出版社有限公司1975年版,第362页。

一样,其头首往往要从乡村本地有头面的人士中金选。在传统士绅阶层经历了广泛分化、城居化和萎缩化的年代,在乡村中还留有什么样的人口群体呢?

20世纪20年代末,梁漱溟在从事乡村改造运动时说:"象今天这世界,还有什么人在村里呢?有钱的人,多半不在村里了……稍微有钱的人,都避到城市都邑,或者租界……再则有能力的人亦不在乡间了。因为乡村内养不住他,他亦不甘心埋没在沙漠一般的乡村,早出来了。最后可以说好人亦不住乡村里了。"[①]其所说"有钱的人"、"有能力的人"和"好人",实际主要指原来掌握着乡村主要资源并承担国家基层控制重责的富民及公正士绅。他们相继离开乡村后,国家依然要对乡村实施控制。而此时的乡村人口主要由两类人组成,一类是贫弱无助的穷人,一类是游手好闲、作恶乡里的流氓地痞。"凡为绅士者非劣衿败商,即痞棍恶徒以充,若辈毫无地方观念,亦无国计民生之思想,故媚官殃民之事到处皆然"。[②]如果说传统的文士乡绅尚有旧的道德秩序可守,"劣衿败

①梁漱溟:《北游所见记略》,中国文化书院学术委员会编:《梁漱溟全集》第4卷,山东人民出版社2005年版,第896页。
②刘大鹏:《退想斋日记》,1926年4月24日,乔志强标注,山西人民出版社1990年版,第322页。

商"与"痞棍恶徒"则完全是一群无法无天的边缘势力。[①]他们中的主体通常被称之为"土豪劣绅"。

土豪与劣绅非为清末民国以来社会经济的新产物，而是伴随唐宋以后富民及其士绅化阶层出现而始终存在的一个群体。在唐宋之际，土豪(或称豪横、豪民等)出现较多，到明清时期，随着富民的普遍士绅化，劣绅也有较多出现，但在整个士绅群体中所占的比例仍较小。如雍正朝《朱批谕旨》载："各州县多有一二恶劣绅衿出入公庭，兼有土豪、地棍互相倚赖，遇有赈荒等事，逼胁把持，官吏受其挟制，愚懦被其欺凌，遂致茕茕小民竟有忍饥而莫诉者。"晚清士绅权力扩张之后，亦出现地方"劣绅"与州县官府"窜合"干扰朝廷决策的现象。[②]军阀统治时期，委任地方恶势力承包收税，而"这些税收承包人唯一的动机是获利，所以总是非常专横和腐败。征收到的实际税额往往超过规定，军阀只要得到他规定的数字，收税人就把多余的占为己有"。[③]这些人实际上也是土豪

---

① 王奇生：《战前中国的区乡行政：以江苏省为中心》，《民国档案》
    2006年第1期。

② 《读初四日停废科举上谕恭注》，《时报》1905年9月7日。

③ (美)齐锡生：《中国的军阀政治(1916—1928)》，杨云若等译，中国
    人民大学出版社1991年版，第143—144页。

劣绅。

国民党建立统一政权后,国家权力极力向基层社会渗透,区、乡、镇等基层组织成为国家的正式行政机构,在实际运行与操作中,这些权力机构逐渐为土豪劣绅所专擅与篡夺。土豪劣绅在农村社会里本来是很有势力的,但并不具备传统文人士绅的个人魅力权威、内在道义性权威和外在法理权威,他们所赖以支配基层社会的资源基础只是强制性的武力或财力,当国民党政权向下扩张的时候,正给予他们以僭取法理权威的绝好机会。而国民党政府不加甄别地通过基层行政机构将其合法化、官僚化,实际加强和提高了他们在乡村社区的权势。[①] 至此,土豪与劣绅发展成为了统治乡村社会的一个"恶势"阶层。在这种环境下,传统村庄领袖不断地被赢利型经纪所代替,村民们称其为"土豪"、"无赖"或"恶霸",由此造成了国家政权的"内卷化"趋势。[②]

土豪劣绅对近代乡村基层政权的掌握与控制,使得乡村社区的主要资源和国家权力被一股"恶势"阶层所

---

① 王奇生:《战前中国的区乡行政:以江苏省为中心》,《民国档案》2006年第1期。

② (美)杜赞奇:《文化、权力与国家——1900—1942年的华北农村》,王福明译,江苏人民出版社1996年版,第238页。

垄断或侵蚀,不但妨碍了国家政权的向下扩张,而且也加重了对中下层民众的剥夺,乡村由此更为贫穷落后,亦更加动荡失序。乡村控制势力的恶化,也引起了当时中国社会的两大政党及其政权的高度关注。国民党政权曾经在1927年颁布《惩治土豪劣绅条例》而欲行根治,但其对乡村捐税的迫切需要又使这一举措最后不了了之,到1932年被明令废止。[1]共产党则从二十年代后期开始先后领导了"一切权力归农会"运动,[2]颁布了地区性的惩治土豪劣绅条例,[3]实行"三三制"原则和发动"减租"、"减息"运动,以及进行土地改革等,最终实现了打倒和消灭土豪劣绅的目标。"共产党政权的建立标志着国家政权'内卷化'扩张的终结"。[4]

综上所述,明清"士绅社会"的出现,反映了富民阶层与"士"和"官"的成功对接。但同时我们也应该看到,

---

①谢振民编著,张知本校订:《中华民国立法史(下)》,中国政法大学出版社1999年版,第964页。

②《毛泽东选集》卷1《湖南农民运动考察报告》,人民出版社1969年版,第14页。

③张希坡:《一九二七年〈湖北省惩治土豪劣绅暂行条例〉简介》,《江汉论坛》1980年第4期。

④(美)杜赞奇:《文化、权力与国家——1900—1942年的华北农村》,王福明译,江苏人民出版社1996年版,第240页。

一旦富民通过科举制度成为正式官僚阶层的一部分,他们便暂时成为了"官"而脱离了"民"的范畴,成为垄断知识、绅权、经济资源和掌握文化霸权的社会中间层、稳定层与动力层。但随着所掌握的绅权不断扩张与异化,也就决定了他们必然趋于消亡。晚清团练的兴起与绅权大张,以及赖以合法存在的国家科举制被废止以后,也就加快了其自身异化和消亡的过程。作为继替者的土豪劣绅虽可藉基层政权的现代化而雄擅一时,而他们所造成的乡村秩序的混乱也就决定了这个阶层只可能是昙花一现的命运。因此,就整个社会的发展而言,如同门阀社会是汉唐豪民社会的最高阶段同时也是其最后阶段,帝国主义是资本主义的最高阶段同时也是其最后阶段,我们认为,"士绅社会"是"富民社会"的最高阶段,也是最其后阶段。

参考文献

一、基本古籍

[1] (唐)李冗:《独异志》,《丛书集成新编》第68册,台湾新文丰出版公司1985年版。

[2] (后晋)刘昫等:《旧唐书》,中华书局1975年点校本。

[3] (五代)孙光宪:《北梦琐言》,贾二强点校,中华书局2002年版。

[4] (五代)王仁裕:《开元天宝遗事》,曾贻芬点校,中华书局2006年版。

[5] (宋)李昉等编:《太平广记》,中华书局1961年点校本。

[6] (宋)叶适:《叶适集》,刘公纯等点校,中华书局1961年版。

[7] (宋)叶适:《习学记言序目》,中华书局1977年点校本。

[8]（宋）文莹：《湘山野录》，郑世刚等点校，中华书局1984年版。

[9]（宋）张守：《毗陵集》，《丛书集成新编》第63册，台湾新文丰出版公司1985年版。

[10]（宋）张端义:《贵耳集》,《丛书集成新编》第84册，台湾新文丰出版公司1985年版。

[11]（宋）司马光：《司马光奏议》，王根林点校，山西人民出版社1986年版。

[12]（宋）方回：《续古今考》,《景印文渊阁四库全书》第853册，台湾商务印书馆1986年版。

[13]（宋）范纯仁：《范忠宣集》,《景印文渊阁四库全书》第1104册,台湾商务印书馆1986年版。

[14]（宋）曾丰：《缘督集》,《景印文渊阁四库全书》第1156册，台湾商务印书馆1986年版。

[15]《名公书判清明集》，中国社会科学院历史研究所宋辽金元史研究室点校，中华书局1987年版。

[16]（宋）游九言：《默斋遗稿》,《丛书集成续编》第130册，台湾新文丰出版公司1988年版。

[17]（宋）苏辙：《苏辙集》，陈宏天等点校，中华书局1990年版。

[18]（宋）周煇著，刘永翔校注：《清波杂志校注》，中华书局

1994年版。

[19] (宋)洪迈:《夷坚志》,何卓点校,中华书局2006年版。

[20] (宋)朱彧:《萍洲可谈》,李伟国整理,《全宋笔记》第2
编第6册,大象出版社2006年版。

[21] (宋)黄坚选编:《详说古文真宝大全》,熊礼汇点校,湖
南人民出版社2007年版。

[22] (元)虞集:《道园学古录》,中华书局民国二十五年
(1936)校刊本。

[23] (元)杨瑀:《山居新话》,《景印文渊阁四库全书》第
1040册,台湾商务印书馆1986年版。

[24] (元)吴澄:《吴文正集》,《景印文渊阁四库全书》第1197
册,台湾商务印书馆1986年版。

[25]《元典章》,中国书店1990年影印本。

[26] (明)叶恒嵩等修纂:嘉靖《南宫县志》,嘉靖三十八年
(1559)刻本。

[27] (明)堵允锡:《堵文忠公集》,(清)潘锡恩辑:《乾坤正
气集》第134册,清道光二十八年(1848)袁江节署求是
斋刊版,同治五年(1866)印行。

[28] (明)陈宏绪:《寒夜录》,商务印书馆民国二十八年
(1939)排印本。

[29] (明)程允升等:《幼学故事琼林》,沈阳商务印书馆1942

年校订本。

[30](明)何良俊:《四友斋丛说》,中华书局1959年点校本。

[31](明)沈德符:《万历野获编》,中华书局1959年点校本。

[32](明)朱国祯:《涌幢小品》,中华书局1959年点校本。

[33]《明实录》,台湾"中研院"史语所1962年校印本。

[34](明)陈子龙等选辑:《明经世文编》,中华书局1962年版。

[35](明)萧璞等纂修:嘉靖《蕲水县志》,上海古籍书店1963年影印本。

[36](明)刘宗周:《刘子全书》,台湾华文书局股份有限公司1968年影印本。

[37](明)薛三才:《薛恭敏公奏疏》,台湾伟文图书出版社有限公司1977年影印本。

[38](明)王士性:《广志绎》,吕景琳点校,中华书局1981年版。

[39](明)归有光:《震川先生集》,周本淳校点,上海古籍出版社1981年版。

[40](明)西周生:《醒世姻缘传》,黄肃秋校注,上海古籍出版社1983年版。

[41](明)况钟:《况太守集》,吴奈夫等校点,江苏人民出版社1983年版。

[42] (明)陈善等修:万历《杭州府志》,《中国方志丛书·华中地方》第524号,台湾成文出版社有限公司1983年版。

[43] (明)于慎行:《谷山笔麈》,吕景琳点校,中华书局1984年版。

[44] (清)计六奇:《明季北略》,魏得良等点校,中华书局1984年版。

[45]《古今图书集成》,中华书局1985年影印本。

[46] (明)张瀚:《松窗梦语》,盛冬铃点校,中华书局1985年版。

[47] (明)杨士奇:《东里续集》,《景印文渊阁四库全书》第1238册,台湾商务印书馆1986年版。

[48] (明)王世贞:《弇州四部稿》,《景印文渊阁四库全书》第1280册,台湾商务印书馆1986年版。

[49] (明)叶春及:《石洞集》,《景印文渊阁四库全书》第1286册,台湾商务印书馆1986年版。

[50] (明)莫旦:《弘治吴江志》,台湾学生书局1987年影印本。

[51] (明)黄淮等编:《历代名臣奏议》,上海古籍出版社1989年版。

[52] (明)凌濛初:《二刻拍案惊奇》,《古本小说丛刊》第14辑,中华书局1991年版。

[53]（明）邓迁等修纂：嘉靖《香山县志》，《日本藏中国罕见地方志丛刊》，书目文献出版社1991年版。

[54]（明）方岳贡等修纂：崇祯《松江府志》，《日本藏中国罕见地方志丛刊》，书目文献出版社1991年版。

[55]（明）吕坤：《呻吟语》，王国轩等注，学苑出版社1993年版。

[56]（明）长谷真逸：《农田余话》，《四库全书存目丛书·子部》第239册，齐鲁书社1995年版。

[57]（明）蒋以化：《西台漫纪》，《四库全书存目丛书·子部》第242册，齐鲁书社1995年版。

[58]（明）沈朝宣：嘉靖《仁和县志》，《四库全书存目丛书·史部》第194册，齐鲁书社1996年版。

[59]（明）樊维城等纂修：天启《海盐县图经》，《四库全书存目丛书·史部》第208册，齐鲁书社1996年版。

[60]（明）韩浚等纂修：万历《嘉定县志》，《四库全书存目丛书·史部》第208册，齐鲁书社1996年版。

[61]（明）颜茂猷：《官鉴》，收入《从政遗规》，《官箴书集成》第4册，黄山书社1997年版。

[62]（明）江盈科：《江盈科集》，黄仁生辑校，岳麓书社1997年版。

[63]（明）汪道昆：《太函集》，《四库全书存目丛书·集部》第

117册,齐鲁书社1997年版。

[64]（明）李维桢:《大泌山房集》,《四库全书存目丛书·集部》第153册,齐鲁书社1997年版。

[65]《中华传世法典:大明律》,怀效锋点校,法律出版社1998年版。

[66]（明）范濂:《云间据目抄》,《丛书集成三编》第83册,台湾新文丰出版公司1999年版。

[67]（明）陈龙正:《几亭全书》,《四库禁毁书丛刊·集部》第12册,北京出版社2000年版。

[68]（明）温璜:《温宝忠先生遗稿》,《四库禁毁书丛刊·集部》第83册,北京出版社2000年版。

[69]（明）谢肇淛:《五杂组》,上海书店出版社2001年点校本。

[70]（明）申时行等修纂:《大明会典》,《续修四库全书》第789册,上海古籍出版社2001年版。

[71]（明）郭应聘:《郭襄靖公遗集》,《续修四库全书》第1349册,上海古籍出版社2001年版。

[72]（明）杨嗣昌:《杨文弱先生集》,《续修四库全书》第1372册,上海古籍出版社2001年版。

[73]《朱批谕旨》,清雍正十年至乾隆三年(1732—1738)武英殿刻朱墨套印本。

[74]（清）张予介等修纂:乾隆《昆山新阳合志》,乾隆十六年(1751)刊本。

[75]（清）陈廷敬:《午亭文编》,乾隆四十三年(1778)刻本。

[76]（清）李澄:《淮鹾备要》,道光三年(1823)刻本。

[77]（清）严如煜:《三省边防备览》,清道光十年(1830)重刊来鹿堂藏版。

[78]（清）王时敏:《奉常家训》,《棣香斋丛书·金集》,清道光十三年(1833)太仓东陵氏刊本。

[79]（清）李鹏年:《六部成语》,清道光二十二年(1842)刻本。

[80]（清）牟述人:《牟公案牍存稿》,咸丰二年(1852)西湖公寓刊本。

[81]上海私塾改良总会编:《私塾改良总会章程》,北京师范大学图书馆藏清光绪铅印本。

[82]（清）胡英:《毗陵胡氏宗谱》,光绪二年(1876)乐善堂刊本。

[83]（清）盛康辑:《皇朝经世文续编》,清光绪二十三年(1897)刻本。

[84]（清）陆文衡:《啬庵随笔》,光绪二十三年(1897)刊本。

[85]（清）薛允升:《读例存疑》,光绪三十一年(1905)京师刊本。

[86](清)沈同芳等:《江苏学务总会文牍》,商务印书馆光绪三十二年(1906)刊本。

[87](清)缪荃孙等修纂:光绪《湖北通志》,商务印书馆民国二十三年(1934)影印本。

[88](清)高宗敕撰:《清朝文献通考》,商务印书馆民国二十五年(1936)影印本。

[89](清)石成金:《传家宝全集》,广益书局民国二十六年(1937)排印本。

[90](清)徐松:《宋会要辑稿》,中华书局1957年影印本。

[91](清)张曜:《山东军兴纪略》,《中国近代史资料丛刊·捻军(四)》,上海人民出版社1957年版。

[92](清)朱寿朋编:《光绪朝东华录》,张静庐等校点,中华书局1958年版。

[93](清)顾炎武:《顾亭林诗文集》,华忱之点校,中华书局1959年版。

[94](清)震钧:《天咫偶闻》,《近代中国史料丛刊》第22辑,台湾文海出版社1968年版。

[95](清)戴舒菴:《天台治略》,《中国方志丛书·华中地方》第65号,台湾成文出版社有限公司1970年版。

[96](清)张廷玉等:《明史》,中华书局1974年点校本。

[97](清)刘昌绪等修纂:同治《黄陂县志》,《中国方志丛

书·华中地方》第336号,台湾成文出版社有限公司
1976年版。

[98](清)吴敬梓:《儒林外史》,人民文学出版社1977年整
理本。

[99](清)陈确:《陈确集》,中华书局1979年点校本。

[100](清)昭梿:《啸亭续录》,何英芳点校,中华书局1980
年版。

[101](清)佚名:《研堂见闻杂记》,《中国历史研究资料丛
书》,上海书店1982年版。

[102](清)郑观应:《盛世危言》,夏东元编:《郑观应集》上
册,上海人民出版社1982年版。

[103](清)董诰等编:《全唐文》,中华书局1983年影印本。

[104](清)方苞:《方苞集》,刘季高校点,上海古籍出版社
1983年版。

[105](清)黄印辑:《锡金识小录》,《中国方志丛书·华中地
方》第426号,台湾成文出版社有限公司1983年版。

[106](清)张履祥辑补,陈恒力校释:《补农书校释(增订
本)》,农业出版社1983年版。

[107](清)俞樾:《春在堂随笔》,张道贵等标点,江苏人民出
版社1984年版。

[108](清)赵翼著,王树国校证:《廿二史札记校证》,中华书

局1984年版。

[109](清)唐甄:《潜书注》,四川人民出版社1984年校注本。

[110](清)顾公燮:《丹午笔记》,江苏古籍出版社1985年点校本。

[111](清)范承谟撰,(清)刘可书编:《范贞忠集》,《景印文渊阁四库全书》第1314册,台湾商务印书馆1986年版。

[112](清)曾国藩:《曾国藩全集》,岳麓书社1986—1988年版。

[113](清)颐琐:《黄绣球》,曹玉校点,中州古籍出版社1987年版。

[114](清)梁章钜:《称谓录》,李延沛等整理,黑龙江人民出版社1990年版。

[115](清)李光祚等修纂:《乾隆长洲县志》,《中国地方志集成·江苏府县志辑》第13册,江苏古籍出版社1991年版。

[116](清)许治等修纂:《乾隆元和县志》,《中国地方志集成·江苏府县志辑》第14册,江苏古籍出版社1991年版。

[117](清)无名氏:《五美缘全传》,《古本小说集成》第1辑第101册,上海古籍出版社1991年版。

[118](清)周克堃等修纂:《宣统广安州新志》》,《中国地方志集成·四川府县志辑》第58册,巴蜀书社1992年版。

[119]（清）陶煦辑：光绪《周庄镇志》，《中国地方志集成·乡镇志专辑》第6册，江苏古籍出版社1992年版。

[120]（清）曹焯纂：顺治《庉村志》，《中国地方志集成·乡镇志专辑》第11册，江苏古籍出版社1992年版。

[121]（清）王基巩主修：康熙《安乡县志》，《日本藏中国罕见地方志丛刊》，书目文献出版社1992年版。

[122]（清）康善述等纂修：康熙《阳春县志》，《日本藏中国罕见地方志丛刊》，书目文献出版社1992年版。

[123]（清）黄六鸿：《福惠全书》，《官箴书集成》第3册，黄山书社1997年版。

[124]（清）田文镜：《州县事宜》，《官箴书集成》第3册，黄山书社1997年版。

[125]（清）汪辉祖：《学治臆说》，《官箴书集成》第3册，黄山书社1997年版。

[126]（清）陈宏谋：《学仕遗规》，《官箴书集成》第4册，黄山书社1997年版。

[127]（清）王凤生：《宋州从政录》，《官箴书集成》第5册，黄山书社1997年版。

[128]（清）刘衡：《州县须知》，《官箴书集成》第6册，黄山书社1997年版。

[129]（清）徐栋：《牧令书》，《官箴书集成》第7册，黄山书社

1997年版。

[130]（清）褚瑛:《州县初仕小补》,《官箴书集成》第8册,黄山书社1997年版。

[131]（清）延昌:《事宜须知》,《官箴书集成》第9册,黄山书社1997年版。

[132]（清）戴杰:《敬简堂学治杂录》,《官箴书集成》第9册,黄山书社1997年版。

[133]（清）刘汝骥:《陶甓公牍》,《官箴书集成》第10册,黄山书社1997年版。

[134]（清）韩菼:《有怀堂文稿》,《四库全书存目丛书·集部》第245册,齐鲁书社1997年版。

[135]（清）李鸿章:《李鸿章全集》,时代文艺出版社1998年校点本。

[136]（清）董含:《三冈识略》,《四库未收书辑刊》第4辑第29册,北京出版社2000年版。

[137]（清）吴履震:《五茸志逸随笔》,《四库未收书辑刊》第10辑第12册,北京出版社2000年版。

[138]（清）钟琦:《皇朝琐屑录》,《中国野史集成续编》第27册,巴蜀书社2000年版。

[139]（清）林时益辑:《宁都三魏全集》,《四库禁毁书丛刊·集部》第6册,北京出版社2000年版。

[140](清)李雯:《蓼斋集》,《四库禁毁书丛刊·集部》第111册,北京出版社2000年版。

[141](清)顾炎武:《天下郡国利病书》,《续修四库全书》第596册,上海古籍出版社2001年版。

[142](清)钱谦益:《牧斋初学集》,《续修四库全书》第1390册,上海古籍出版社2001年版。

[143](清)沈垚:《落帆楼文集》,《续修四库全书》第1525册,上海古籍出版社2001年版。

[144](清)葛振元等修纂:光绪《沔阳州志》,《中国地方志集成·湖北府县志辑》第47册,江苏古籍出版社2001年版。

[145](清)缪荃孙等修:《江苏省通志稿》,江苏省地方志编纂委员会办公室点校整理,江苏古籍出版社2002年版。

[146](清)恽毓鼎:《恽毓鼎澄斋日记》,史晓风整理,浙江古籍出版社2004年版。

[147](清)魏源:《魏源全集》,岳麓书社2004年点校本。

[148](清)李彦章:《禀行保甲十家牌简易法》,《古代乡约及乡治法律文献十种》第2册,黑龙江人民出版社2005年版。

[149](清)顾炎武著,(清)黄汝成集释:《日知录集释(全校本)》,栾保群等校点,上海古籍出版社2006年版。

[150](清)杜凤治:《望凫行馆宦粤日记》,广东省立中山图

书馆等编：《清代稿钞本》第10、11册，广东人民出版社2007年版。

[151]《清实录》，中华书局2008年影印本。

[152]（清）汪琬著，李圣华笺校：《汪琬全集笺校》，人民文学出版社2009年版。

[153]（清）孙星衍等修纂：《嘉庆松江府志》，《中国地方志集成·上海府县志辑》第1册，上海书店出版社2010年版。

[154]丁祖荫：《虞阳说苑甲编》，民国六年（1917）虞山丁氏初园排印本。

[155]江苏省博物馆编：《江苏省明清以来碑刻资料选集》，生活·读书·新知三联书店1959年版。

[156]陈义钟编校：《海瑞集》，中华书局1962年版。

[157]雷飞鹏等纂修：民国《蓝山县图志》，《中国方志丛书·华中地方》第110号，台湾成文出版社有限公司1970年版。

[158]余晋芳纂：《麻城县志续编》，《中国方志丛书·华中地方》第358号，台湾成文出版社有限公司1975年版。

[159]赵尔巽等：《清史稿》，中华书局1977年点校本。

[160]故宫博物院明清档案部编：《清末筹备立宪档案史料》，中华书局1979年版。

[161]王栻主编：《严复集》，中华书局1986年版。

[162]台湾银行经济研究室编印:《台湾南部碑文集成》,《台湾文献史料丛刊》第9辑,台湾大通书局1987年版。

[163]丁凤麟等编:《薛福成选集》,上海人民出版社1987年版。

[164]刘大鹏:《退想斋日记》,乔志强标注,山西人民出版社1990年版。

[165]船山全书编辑委员会编校:《船山全书》,岳麓书社1988年版。

[166]吴吉祜辑:《丰南志》,《中国地方志集成·乡镇志专辑》第17册,江苏古籍出版社1992年版。

[167]胡珠生编:《宋恕集》,中华书局1993年版。

[168]胡思敬:《退庐疏稿》,《丛书集成续编·史部》第47册,上海书店出版社1994年版。

[169]从翰香主编:《近代冀鲁豫乡村》,中国社会科学出版社1995年版。

[170]王利器:《颜氏家训集解(增补本)》,中华书局1996年版。

[171]陈文和主编,孙显军等点校:《嘉定钱大昕全集》,江苏古籍出版社1997年版。

[172]栗守田编注:《皇城石刻文编》,阳城县新华印刷厂1998年印本。

[173] 朱铸禹:《全祖望集汇校集注》,上海古籍出版社2000年版。

[174] 潘光旦:《潘光旦文集》,潘乃穆等编,北京大学出版社2000年版。

[175] 许承尧:《歙事闲谭》,李明回等校点,黄山书社2001年版。

[176] 谢国桢选编,牛建强等校勘:《明代社会经济史料选编(校勘本)》,福建人民出版社2004年版。

[177] 中国文化书院学术委员会编:《梁漱溟全集》,山东人民出版社2005年版。

[178] 樊增祥:《樊山政书》,那思陆等点校,中华书局2007年版。

[179] 上海书店出版社编:《清代文字狱档(增订本)》,上海书店出版社2011年版。

二、今人论著

(一)论文

[1] (日)本村正一:《关于清代社会绅士的存在》,《史渊》第24期,1940年。

[2] (美)E. A. Kracke Jr., "Family vs. Merit in Chinese Civil Service Examinations Under the Empire," *Harvard Journal of*

Asiatic Studies, Vol.10, 1947.

[3]（日）松本善海：《旧中国社会特质论的反省》，《东洋文化研究》第9号，1948年。

[4]（日）松本善海：《旧中国国家特质论的反省》，《东洋文化研究》第10号，1949年。

[5]（日）佐伯有一：《明末董氏之变：联系到所谓"奴变"的性质》，《东洋史研究》第16卷第1号，1957年。

[6]（日）小山正明：《明末清初的大土地所有——特别以江南三角洲地带为中心》，《史学杂志》第66编第12号，1957年，及第67编第1号，1958年。

[7]（日）小山正明：《中国社会的变化及其展开》，西嶋定生编：《东洋史入门》，有斐阁1967年版。

[8]（日）小山正明：《关于明代十段法》(1)，《前近代亚洲法与社会》，劲草书房1967年版。

[9]（日）小山正明：《关于明代十段法》(2)，《文化科学纪要》第10辑，1968年。

[10]（日）小山正明：《赋役制度的变革》，岩波讲座《世界历史》第12册，1971年。

[11]（日）小山正明：《明代大土地所有的奴仆》，《东洋文化研究所纪要》第62册，1974年。

[12]（日）小山正明：《亚洲的封建制——中国封建制问题》，

历史学研究会编:《现代历史学的成果与课题》(2),青木书店1974年版。

[13] (日) 小山正明:《宋代以后国家对农民的支配》,历史学研究会编:《历史上民族的形成》,青木书店1975年版。

[14] (日) 小山正明:《明代的粮长》,《日本学者研究中国史论著选译》第六卷《明清》,中华书局1993年版。

[15] (日) 藤井宏:《新安商人的研究(续)》,傅衣凌等译,《安徽史学通讯》1959年第1期。

[16] (日) 安野省三:《关于明末清初扬子江中流域大土地所有制的考察》,《东洋学报》第44卷第3号,1961年。

[17] (日) 田中正俊:《民变·抗租·奴变》,《座谈会:中国的近代化》,《世界历史》第11卷,筑摩书房1961年版。

[18] (美) R. Keith Schoppa, "The Composition and Functions of the Local Elite in Szechwan, 1851–1874," Ch'ing-shi wen–t'i, No. 10, 1973.

[19] (日) 森正夫:《围绕所谓的"乡绅的土地所有"论》,《历史评论》第304号,1975年。

[20] (日) 森正夫:《日本明清时代史研究中的所谓乡绅论》(2),《历史评论》第312号,1975年。

[21] (日) 森正夫:《明代的乡绅——关于士大夫和地域社会关联的记录》,《名古屋大学文学部研究论集》第26号,

1980年。

[22]（日）森正夫：《日本八十年代以来明清史研究的新潮流》，栾成显编译，《中国史研究动态》1994年第4期。

[23]（日）森正夫：《地域社会论的核心、背景、理解和课题》，《人文研究期刊》第12期，2014年。

[24]（日）足立启二：《重田〈清代社会经济史研究〉书评》，《东洋史研究》第35卷第2号，1976年。

[25]（日）足立启二：《明清时代小经营地主制关觉书》，《新历史学》第143号，1976年。

[26]何梦雷：《苏州无锡常熟三县佃租制度调查》，萧铮主编：《中国地政研究所丛刊·民国二十年代中国大陆土地问题资料》，台湾成文出版社有限公司、（美国）中文资料中心1977年版。

[27]精卫（汪兆铭）：《论革命之趋势》，张枬、王忍之编：《辛亥革命前十年间时论选集》第3卷，生活·读书·新知三联书店1978年版。

[28]（美）Hilary J. Beattie, "The Alternative to Resistance: The Case of T'ung-ch'eng, Anhwei, " *From Ming to Ch'ing: Conquest, Region, and Continuity in Seventeenth-Century China.* Edited by Jonathan D. Spence and John E. Wills. Jr., New Haven: Yale

University Press, 1979.

[29] 张希坡:《一九二七年〈湖北省惩治土豪劣绅暂行条例〉简介》,《江汉论坛》1980年第4期。

[30] 王霜媚:《帝国基础——乡官与乡绅》,收入郑钦仁主编:《中国文化新论·制度篇:立国的宏规》,台湾联经出版事业公司1983年版。

[31] 伍丹戈:《明代绅衿地主的发展》,《明史研究论丛》第2辑,江苏人民出版社1983年版。

[32] 樊树志:《明清租佃契约关系的发展——关于土地所有权分割的考察》,《复旦学报(社会科学版)》1983年第1期。

[33] 郑学檬:《唐五代太湖地区经济试探》,《学术月刊》1983年第2期。

[34] 陈铿:《从〈醒世姻缘传〉看明清之际的地方士绅》,《厦门大学学报(哲学社会科学版)》1984年第4期。

[35] 王笛:《清末新政与近代学堂的兴起》,《近代史研究》1987年第3期。

[36] 李文治:《明代宗族制的体现形式及其基层政权作用——论封建所有制是宗法宗族制发展变化的最终根源》,《中国经济史研究》1988年第1期。

[37] 李文治:《论明清时代农民经济商品率》,《中国经济史

研究》1993年第1期。

[38] 常建华:《士大夫与地方社会的结合——清代"乡绅"一词含义的考察》,《南开史学》1989年第1期。

[39] 常建华:《日本八十年代以来的明清地域社会研究述评》,《中国社会经济史研究》1998年第2期。

[40] 常建华:《乡约的推行与明朝对基层社会的治理》,《明清论丛》第4辑,紫禁城出版社2003年版。

[41] 常建华:《乡约·保甲·族正与清代乡村治理——以凌燽〈西江视臬纪事〉为中心》,《华中师范大学学报(人文社会科学版)》2006年第1期。

[42] 郑庆平:《明清时期的土地制度及其发展变化特征》,《中国农史》1989年第1期。

[43] 张邦炜:《两宋时期的社会流动》,《四川师范大学学报(社会科学版)》1989年第2期。

[44] 张邦炜:《黄宽重〈宋代的家族与社会〉读后》,《历史研究》2007年第2期。

[45] 桑兵:《清末兴学热潮与社会变迁》,《历史研究》1989年第6期。

[46] 袁立春:《论废科举与社会现代化》,《广东社会科学》1990年第1期。

[47] 冯尔康:《清代宗族制的特点》,《社会科学战线》1990年

第3期。

[48]（韩）吴金成:《明、清时代绅士层研究的诸问题》,东洋史学会编:《中国史研究的成果与展望》,中国社会科学出版社1991年版。

[49]孙立平:《中国近代史上现代化努力失败原因的动态分析》,《学习与探索》1991年第3期。

[50]（日）檀上宽:《战后日本的中国史论争》,《日本学者研究中国史论著选译》第二卷《专论》,中华书局1993年版。

[51]（日）宫崎市定:《明代苏松地方的士大夫和民众》,《日本学者研究中国史论著选译》第六卷《明清》,中华书局1993年版。

[52]（日）重田德:《乡绅支配的成立与结构》,《日本学者研究中国史论著选译》第二卷《专论》,中华书局1993年版。

[53]（日）山根幸夫:《明及清初华北的市集与绅士豪民》,《日本学者研究中国史论著选译》第六卷《明清》,中华书局1993年版。

[54]魏金玉:《清代押租制度新探》,《中国经济史研究》1993年第3期。

[55]王先明:《晚清士绅基层社会地位的历史变动》,《历史

研究》1996年第1期。

[56] 王先明：《士绅阶层与晚清"民变"——绅民冲突的历史趋向与时代成因》，《近代史研究》2008年第1期。

[57] 巴根：《明清绅士研究综述》，《清史研究》1996年第3期。

[58] 郝秉键：《明清绅士的构成》，《历史教学》1996年第5期。

[59] 郝秉键：《日本史学界的明清"绅士论"》，《清史研究》2004年第4期。

[60] 郝秉键：《西方史学界的明清"绅士论"》，《清史研究》2007年第2期。

[61] 曹国庆：《明代乡约推行的特点》，《中国文化研究》1997年第1期。

[62] 应星：《废科举、兴学堂与中国近代社会的转型》，《战略与管理》1997年第2期。

[63] 许苏民：《明王朝覆灭的历史教训：晚明中国社会主要矛盾探析》，《天津社会科学》1997年第6期。

[64] 熊志勇：《略论咸同之际的士绅武士化效应》，《贵州社会科学》1997年第6期。

[65] 吴承明：《转变的中国——历史变迁与欧洲经验的局限》"序"，江苏人民出版社1998年版。

[66] 吴承明:《现代化与中国十六、十七世纪的现代化因素》,《中国经济史研究》1998年第4期。

[67] 龙登高:《中国传统市场成熟形态的探讨——江南地区市场研究的学术史回顾》,《中国史研究动态》1998年第10期。

[68] 许檀:《明清时期城乡市场网络体系的形成及意义》,《中国社会科学》2000年第3期。

[69] 许檀:《明清时期中国经济发展轨迹探讨》,《天津师范大学学报(社会科学版)》2002年第2期。

[70] 杨齐福等:《近代新教育在废科举后发展取向的偏差》,《福建师范大学学报(哲学社会科学版)》2001年第2期。

[71] 张珣:《多元社会中知识份子的经济自主与社会定位——以明代泰州学者王艮为例》,《东华人文学报》2001年第3期。

[72] 陈宝良:《明代生员新论》,《史学集刊》2001年第3期。

[73] 陈宝良:《明代生员层的经济特权及其贫困化》,《中国社会经济史研究》2002年第2期。

[74] 陈宝良:《明代的致富论——兼论儒家伦理与商人精神》,《北京师范大学学报(社会科学版)》2004年第6期。

[75] 包伟民:《唐宋家族制度嬗变原因试析》,《暨南史学》第1辑,暨南大学出版社2002年版。

[76]（韩）金钟博:《明清时代乡村组织与保甲制之关系》,《中国社会经济史研究》2002年第2期。

[77]张星久:《对传统社会宗族、乡绅历史地位的再认识》,《湖北行政学院学报》2002年第4期。

[78]谢俊贵:《中国绅士研究述评》,《史学月刊》2002年第7期。

[79]秦晖:《传统十论——本土社会的制度、文化及其变革》,复旦大学出版社2003年版。

[80]秦晖:《传统中华帝国的乡村基层控制:汉唐间的乡村组织》,黄宗智主编:《中国乡村研究》第1辑,商务印书馆2003版。

[81]徐茂明:《明清以来乡绅、绅士与士绅诸概念辨析》,《苏州大学学报（哲学社会科学版）》2003年第1期。

[82]王日根:《论明清乡约属性与职能的变迁》,《厦门大学学报（哲学社会科学版）》2003年第2期。

[83]李伯重:《中国全国市场的形成,1500—1840年》,收入氏著:《千里史学文存》,杭州出版社2004年版。

[84]李晓:《论宋代小农、小工、小商的三位一体化趋势》,《中国经济史研究》2004年第1期。

[85]（加）卜正民:《家族传承与文化霸权:1368年至1911年的宁波士绅》,孙竞昊译,《中国社会经济史研究》2004

年第1期。

[86] 阳信生:《湖南近代绅士的计量分析》,《中国地方志》2004年第7期。

[87] 赵世瑜:《作为方法论的区域社会史——兼及12世纪以来的华北社会史研究》,《史学月刊》2004年第8期。

[88] 张海英:《明清社会变迁与商人意识形态——以明清商书为中心》,复旦大学历史系编:《古代中国:传统与变革》,复旦大学出版社2005年版。

[89] 高寿仙:《晚明的地方精英与乡村控制》,万明主编:《晚明社会变迁:问题与研究》,商务印书馆2005年版。

[90] 江太新:《三农与市场——以明清经济发展为例》,《中国经济史研究》2005年第4期。

[91] 张海英:《明中叶以后"士商渗透"的制度环境——以政府的政策变化为视角》,《中国经济史研究》2005年第4期。

[92] 关晓红:《科举停废与近代乡村士子——以刘大鹏、朱峙三日记为视角的比较考察》,《历史研究》2005年第5期。

[93] 杨政:《伦理情景下的博弈、仪式与象征:关于清朝中晚期士绅和庶民生活的个案研究》,《社会》2005年第6期。

[94] 鲁西奇等:《内地的边缘——明清时期湖北省郧西县地

域社会史的初步考察》,陈锋主编:《明清以来长江流域
社会发展史论》,武汉大学出版社2006年版。

[95] 王奇生:《战前中国的区乡行政:以江苏省为中心》,《民
国档案》2006年第1期。

[96] 王美华:《官方礼制的庶民化倾向与唐宋礼制下移》,
《济南大学学报(社会科学版)》2006年第1期。

[97] 郭学信:《论宋代士商关系的变化》,《文史哲》2006年第
2期。

[98] 林文勋:《中国古代的"保富论"》,《历史教学》2006年
第12期。

[99] 巫仁恕:《明清文人品位的演化与延续——以饮食文化
为例》,明清教学史料与文献网站资料:www2.scu.e d
u.tw/history,2007年。

[100] 陈书录:《士商契合与文学思想的演变——以中唐至
明清为考察重点》,《文学评论》2007年第4期。

[101] 郑若玲:《科举对清代社会流动的影响——基于清代
朱卷作者之家世分析》,《厦门大学学报(哲学社会科学
版)》2007年第5期。

[102] 廖华生:《士绅阶层地方霸权的建构和维护:以明清婺
源的保龙诉讼为考察中心》,《安徽史学》2008年第1期。

[103] 张昭军:《科举制度改废与清末十年士人阶层的分

流》，《史学月刊》2008年第1期。

[104] 李世愉：《废科举对乡村教育落后的影响》，《探索与争鸣》2008年第3期。

[105] 袁飞：《士绅、地域与国家：明万历年间治淮活动中的利益冲突》，《社会科学辑刊》2008年第3期。

[106] 王瑜等：《明清士绅家训中的治生思想成熟原因探析》，《河北师范大学学报（哲学社会科学版）》2009年第2期。

[107] 余英时：《士商互动与儒学转向——明清社会史与思想史之表现》，收入氏著：《现代儒学论》，上海人民出版社2010年版。

[108] 徐泓：《何炳棣〈明清社会史论〉译注（三）：第三章〈向上流动：进入仕途〉》，《明代研究》第15期，2010年。

[109] 范金民：《鼎革与变迁：明清之际江南士人行为方式的转向》，《清华大学学报（哲学社会科学版）》2010年第2期。

[110] 张德美：《清代保甲制度的困境》，《政法论坛》2010年第6期。

[111] 吴鹏：《湖南上绅与湖南城市早期现代化》，《乐山师范学院学报》2010年第9期。

[112] 薛政超：《唐宋"富民"与乡村社会经济关系的发展》，

《中国农史》2011年第1期。

[113]段自成：《清代乡约基层行政管理职能的强化》，《河南师范大学学报(哲学社会科学版)》2011年第2期。

[114]孙竞昊：《经营地方：明清之际的济宁士绅社会》，《历史研究》2011年第3期。

[115]Lawrence L. C. Zhang, "Legacy of Success: Office Purchase and State–Elite Relations in Qing China, " *Harvard Journal of Asiatic Studies*, Vol. 73, No.2, 2013.

[116]李雪慧等：《明代徭役优免类型概说》，《故宫学刊》2013年第2期。

[117]尚重生等：《近代乡绅衰落原因探析》，《长江论坛》2015年第2期。

[118]任玉雪等：《清代缙绅录量化数据库与官员群体研究》，《清史研究》2016年第4期。

[119]李红岩：《从社会性质出发：历史研究的根本方法》，《中国史研究》2017年第3期。

（二）著作

[1]（日）根岸佶：《中国社会的指导层——耆老绅士研究》，平和书房1947年版。

[2]（日）佐野学：《清朝社会史》，文求堂书店1947—1948

年版。

[3] 吴晗、费孝通等:《皇权与绅权》,观察社民国三十七年
(1948)版。

[4] (德) Wolfram Eberhard. *A History of China*. Berkeley and
Los Angeles: University of California Press, 1950–
1977.

[5] (日)仁井田陞:《中国法制史研究》,东京大学出版会
1959年版。

[6] (美) Kung-chuan Hsiao. *Rural China: Imperial Control
in the Nineteenth Century*. Seattle: University of
Washington Press, 1960.

[7] (美) Robert M. Marsh. *The Mandarins: The Circulation
of Elites in China, 1600–1900*. Glencoe [Ill.] New
York:The Free Press, 1961.

[8] (美) Ping-Ti Ho. *The Ladder of Success in Imperial China:
Aspects of Social Mobility, 1368–1911*. New York:
Columbia University Press, 1964.

[9] (美)Frederic E. Wakeman. *Strangers at the Gate: Social
Disorder in South China, 1839–1861*. Berkelcy: University
of California Press, 1966.

[10]凌惕安:《咸同贵州军事史》,台湾文海出版社1967

年版。

[11]《毛泽东选集》，人民出版社1969年版。

[12]胡寄窗:《中国经济思想史》，上海人民出版社1981
年版。

[13]许涤新等主编:《中国资本主义的萌芽》，人民出版社
1985年版。

[14]罗仑、景甦:《清代山东经营地主经济研究》，齐鲁书社
1985年版。

[15](美)费正清等编:《剑桥中国晚清史:1800—1911年》，
中国社会科学院历史研究所翻译室译，中国社会科学出
版社1985年版。

[16](美)费正清:《费正清论中国:中国新史》，薛绚译，台湾
正中书局1996年版。

[17](美)费正清:《美国与中国》，张理京译，世界知识出版
社1999年版。

[18](美)Mary Backus Rankin. *Elite Activism and Political
Transformation in China: Zhejiang Province, 1865–
1911*. Stanford: Stanford University Press, 1986.

[19]傅衣凌:《明清社会经济变迁论》，人民出版社1989
年版。

[20](美)William T. Rowe. *Hankow: Conflict and Community*

in a Chinese City, 1796−1895. Stanford: Stanford
University Press, 1989.

[21]（美）孔飞力:《中华帝国晚期的叛乱及其敌人:1796—
1864年的军事化与社会结构》,谢亮生等译,中国社会
科学出版社1990年版。

[22]（美）Joseph W. Esherick and Mary Backus Rankin edited.
Chinese Local Elites and Patterns of Dominance.
Berkeley and Los Angeles: University of California
Press, 1990.

[23] 张仲礼:《中国绅士:关于其在19 世纪中国社会中作用
的研究》,李荣昌译,上海社会科学院出版社1991年版。

[24] 张仲礼:《中国绅士的收入》,费成康等译,上海社会科
学院出版社2001年版。

[25] 唐文基:《明代赋役制度史》,中国社会科学出版社1991
年版。

[26]（美）齐锡生:《中国的军阀政治(1916—1928)》,杨云若
等译,中国人民大学出版社1991年版。

[27] 郑振满:《明清福建家族组织与社会变迁》,湖南教育出
版社1992年版。

[28]（以色列）艾森斯塔得:《帝国的政治体系》,阎步克译,
贵州人民出版社1992年版。

[29] 李文治:《明清时代封建土地关系的松解》,中国社会科学出版社1993年版。

[30] 李文治、江太新:《中国宗法宗族制和族田义庄》,社会科学文献出版社2000年版。

[31] 张海鹏等主编:《中国十大商帮》,黄山书社1993年版。

[32] 马敏:《官商之间:社会剧变中的近代绅商》,天津人民出版社1995年版。

[33] 王曾瑜:《宋朝阶级结构》,河北教育出版社1996年版。

[34] (美)杜赞奇:《文化、权力与国家——1900—1942年的华北农村》,王福明译,江苏人民出版社1996年版。

[35] 王先明:《近代绅士——一个封建阶层的历史命运》,天津人民出版社1997年版。

[36] 刘志伟:《在国家与社会之间:明清广东里甲赋役制度研究》,中山大学出版社1997年版。

[37] (日)滋贺秀三等:《明清时期的民事审判与民间契约》,王亚新等编译,法律出版社1998年版。

[38] 谢振民编著,张知本校订:《中华民国立法史》,中国政法大学出版社1999年版。

[39] (美)包弼德:《斯文:唐宋思想的转型》,刘宁译,江苏人民出版社2000年版。

[40] (日)山根幸夫主编:《中国史研究入门(增订本)》,田人

隆等译,社会科学文献出版社2000年版。

[41] 周荣德:《中国社会的阶层与流动:一个社区中士绅身份的研究》,学林出版社2000年版。

[42] 梁方仲:《明代粮长制度》,上海人民出版社2001年版。

[43] 杨念群:《中层理论:东西方思想会通下的中国史研究》,江西教育出版社2001年版。

[44] (美)柯文:《在中国发现历史——中国中心观在美国的兴起》,林同奇译,中华书局2002年版。

[45] 张邦炜:《宋代婚姻家族史论》,人民出版社2003年版。

[46] 黄宗智主编:《中国研究的范式问题讨论》,社会科学文献出版社2003年版。

[47] 瞿同祖:《清代地方政府》,范忠信等译校,法律出版社2003年版。

[48] 张杰:《清代科举家族》,社会科学文献出版社2003年版。

[49] 王日根:《明清民间社会的秩序》,岳麓书社2003年版。

[50] 杨国安:《明清两湖地区基层组织与乡村社会研究》,武汉大学出版社2004年版。

[51] 徐茂明:《江南士绅与江南社会:1368—1911年》,商务印书馆2004年版。

[52] 魏光奇:《官治与自治:20世纪上半期的中国县制》,商

务印书馆2004年版。

[53] 林文勋等:《唐宋乡村社会力量与基层控制》,云南大学出版社2005年版。

[54] 林文勋等:《中国古代"富民"阶层研究》,云南大学出版社2008年版。

[55] 李世众:《晚清士绅与地方政治:以温州为中心的考察》,上海人民出版社2006年版。

[56] 黄宽重:《宋代的家族与社会》,台湾东大图书股份有限公司2006年版。

[57] 梁庚尧:《南宋的农村经济》,新星出版社2006年版。

[58] (加)卜正民:《为权力祈祷:佛教与晚明中国士绅社会的形成》,张华译,江苏人民出版社2008年版。

[59] (美)张春树等:《明清时代之社会经济巨变与新文化》,王湘云译,上海古籍出版社2008年版。

[60] 巫仁恕:《品位与奢华:晚明的消费社会与士大夫》,中华书局2008年版。

[61] 费孝通:《费孝通全集》,内蒙古人民出版社2009年版。